就活必修！

1週間でできる

自己分析

2026

就活カリスマ講師　東京学芸大学特命教授

坪田まり子

Tsubota Mariko

さくら舎

　厚生労働省と文部科学省がこの春に発表した2024年卒の就職内定率は91.6%（2024年2月1日現在）。前年同時期に比べ、0.7ポイント上昇しています。これから就職活動を始める皆さんにとっては、明るいニュースですね。

　2023年の調査によれば、インターンシップへの参加は8割近くに上っています。2025年卒の学生に対する調査によると、「就職活動の始まりは、『インターンシップと呼ばれるもの』に関するウェブサイトに登録したとき」と答えている学生が22.1%とトップで、次に「『インターンシップと呼ばれるもの』に参加したとき」が10.9%になっています。すべてのインターンシップ参加のうち、半日または1日がいまだに全体の8割を占めているとはいえ、5日以上のインターンシップを経験した学生も全体の22%程度ですが存在しています。また就業体験を伴っている割合は81.2%と過年度と比べ高くなっています。
　これらの状況に鑑みると、2026年卒の皆さんは、早い段階からしっかりとアンテナを張り、やるべきことを着々と準備さえすれば、就活に取り残されることはなさそうですね。
　ただ気をつけていただきたいことがあります。売り手市場と言われる昨今でも、"第一志望先から内定をもらうこと"が、人によっては決して簡単なことではなさそうだからです。

　採用した人材の「質・量ともに満足」という企業の答えが過去最低数値になっているという事実があります。言い換えれば、学生のコミュニケーション能力や人柄などの資質に大きなばらつきがあると感じている企業が多いということです。公務員試験も人物重視がさらに高まっています。ただ手当たり次第に企業を探すだけでは、納得のいく結果につながりにくいことを予め知っておく必要があるのではないでしょうか。
　この春、大企業を中心に賃上げ率が高まっていると報道がありました。単純に考えれば、皆さんにとってラッキーなニュースですが、

給料アップということは、これから社会に出る学生たちを選別する目がより一層厳しくなるということでもあります。

　どんな時代であっても、就活生のやるべき王道は、"まず自分自身を知る→次に企業研究をする"ことに他なりません。社会情勢に振り回されないためにも、今、ここに在る自分自身をしっかり見極めることで、そこから自分の興味関心の在り処と可能性を見出すことができます。自分の個性＝自分らしさをちゃんと知った上で、企業と接点をもつことが、無駄な遠回りではなく、結果として早い段階で自分が入るべき企業を正しく選択することにつながります。

　日本には約359万社の企業がありますが、そのうちの99％は中小企業です。これから先、自分がどのように生きていきたいかをしっかりイメージできる学生なら、大企業ばかりではなく、広い視野をもってさまざまな企業に目を向けることができるはず。それが賢く、自信をもって積極的に就活に挑む秘訣につながります。

　さあ、周りの人が口をそろえて言う"一般論での良い企業"ではなく、"自分にとって最適の企業"を選ぶために、早い段階で"確かな自分"を発見しましょう。就職活動とはまさに"知っているつもりが本当は知らなかった自分を発見する"大きな岐路、言い換えれば、皆さんの未来を本気で考える、またとないチャンスなのです。その結果として、自分が望むキラキラした明るい未来を皆さんがご自身の手でつかんでください。

　飾らない真の自分らしさを発見するために、この本を選んでくださりありがとうございます。必ずや皆さんのお役にたてることをお約束します。

坪田まり子

就職活動をこの一冊から始めましょう！

7日間が終わったときには、いつのまにか、"エントリーシートが書ける"
そして"面接で話せる"あなた自身の答えがたくさん見つかるはずです。
また、それ以外にももっと得られるものがあることに気がつくでしょう。

なぜ、自己分析が必要なのか？

「早く内定をとりたい！」
　就活生なら、誰もが切望する願いです。
　もちろん第一志望先から内定をとること、これが就活生にとって
ベストな結果ですが、ESや面接でうまく行かない結果が続くと、「自
分には内定はとれないかもしれない」というネガティブな考えをも
ち始める学生が少なくありません。

　改めて宣言します。
　内定をとるためには、自己分析を決して怠ってはなりません。

　　単に内定をとるためだけでなく、働き始めてからこんな
はずじゃなかったという結果にならないため、ひいては長
い目で見て満足のいく結果を出すためには、自己分析が絶
対に必要だと私は考えています。

　　**なぜならば、エントリーシートや面接で問われる内容の
ほとんどが、"あなたに関すること"だからです。**

就活とは"あなたの本質"を表現すること

エントリーシートに書く場合も、面接で答える場合も、表向きのことだけを書けばよい・話せばよいわけでなく、"あなたの本質"をあなた自身がしっかりと理解した上で答えていかなければならない難しさがあります。

自分のことを表現するのは、意外と難しい

　たとえば、志望動機。なぜこの業界を選んだか、もしくはなぜこの企業を選んだかについて答えるものですが、これが結構難しいのです。

　回答例としては「金融に興味があるから」「御社の社風に魅力を感じたから」などがあります。

　しかし、これだけでは、企業側には何も伝わりません。

　企業が聞きたいのは、「なぜ金融に興味があるの？」「なぜ当社の社風に惹かれたの？」という、もう一歩踏み込んだあなたの本音だからです。

　もちろんその先をこう答えることもできます。「世の中の基盤が経済だからです」「チームワークを重視している会社で働きたいからです」など。

　しかし、まだこの先があるのです。

　企業は「なぜ世の中の基盤が経済なら、金融の仕事に就きたいのか？」「なぜチームワークをあなたは重視するのか？」などとさらに質問してくるでしょう。

　特に、面接で、回答がうわべだけに感じられる場合には、面接官はあなたの本音がわからないからこそ、「なぜ？」「どうして？」「だから？」と立て続けに聞くという、圧迫面接を引き起こしかねません。

　ですから、追及されてもあなた自身が困らないように、あなたらしさを自ら、明確にきっぱりと回答すること。

　これがあなたの身を守る一番の方法なのです。

「自分が何をしたいか」だけで企業を選ばない

これが、厳しい就職戦線を賢く乗りきるために、これからあなたがやるべきことです。そのためには、自己分析にとりかかるタイミングがとても重要になってきます。

自分に合っている・
向いている仕事がわかる！

　今や、就活生の企業選びの時期は、卒業の前年3月から始まる企業の広報活動開始後ではありません。間違いなく、夏のインターンシップ・仕事体験の参加時期に変わっています。ですから、その選考が始まる前までに済ませておきたいのがこの自己分析です。

　なぜなら、企業によっては、インターンシップから何らかの選考過程を踏んでいるところが少なくないからです。**選考を通過するためには、「自分がどんな人間」で、「自分ができることは何か→自分にはどんな仕事が向いているのか」を多少はわかった上で、一歩を踏み出したい**ものです。実際に企業は、インターンシップや仕事経験に参加をした学生たちの中から、それぞれの人材を見極めようとしています。参加する以上、「ただなんとなく」「友達が行くから私も」という考え方では、早期選考という誰もが希望する次へのステップにすらつながりにくいことをご理解ください。

　人によっては憧れや夢が先行する場合もあるでしょう。まだ3年生の段階から、就職活動を戦略的に考え行動することは部活やアルバイト、はたまた勉強で忙しい学生には必ずしもできることではないはずだからです。それでも1つだけ早い段階に気づいてほしいことがあります。卒業後就職するということは、今日や明日だけのことではなく、これから40年もしくはそれ以上の長い月日をかけて、あなたが一日の大半を過ごしていく場所を探すということなのです。

自分自身の正直な答え、事実を素直に書き込むこと

自己分析とは、これまで歩んできたあなたの自分史をひもとくことで、これからのあなたが、居心地のよい場所を的確に選ぶための最大の武器となるものです。

自分らしさを知ることが、就活の最大の武器

　自己分析をして、「自分がどんな人間で」「何が合っているのか」、すなわち「何ができるのか＝何が向いているのか」という自分に関する整理＆まとめを、企業研究の前に作っておくことが、早期内定をとるカギとなります。

　この本は、７日間で７つのシートを完成させることで、無理なく先に進むことができるよう工夫をしています。
　はじめは直感で構いません。深く考えすぎず、どんどん書くことが、先に進む秘訣です。
　ただし、１つだけ約束してください。
　人真似ではなく、自分自身の正直な答え、事実を素直に最後まで書き込むということを。

　　　　　　　自己分析を怠り、自分自身のことがよくわからないときには、ただやみくもに憧れだけで企業を選ぶことになるでしょう。
　　　　　　　その結果、こんな悪いスパイラルにはまる学生が少なくありません。

　　　　　　50 社エントリーした企業は大手ばかり
　　　　　　　　　　　↓
　　　　　　面接で連続して落ち
　　　　　　　　　　　↓
　　　　　　気がつけばもう持ち駒なし
　　　　　　（＊エントリーしていた企業がすべてなくなったという意味）

成功する就活スタートのコツは「急がば回れ」

就職活動がうまくいかない学生に限って、「自己分析なんて必要ない、面倒くさい」と考えていたり、「そんなものをやる時間があったら企業を回ります」などと言いますが、これは違います。

遠くても安全、就活必勝の近道を選ぼう

こんなことわざをご存じではありませんか?

「急がば回れ」

= 「急ぐ時には危険な近道を通るよりも、遠くても安全な道を回る
　 ほうが、結局は早く目的地に着くもの。物事はあわてずに着実
　 な手段を選んで行なわなければいけない、という戒めの言葉」
　 （『故事ことわざ・慣用句辞典』三省堂）

 = マニュアル本で読んだことやＯＢ・ＯＧ訪問で聞いたこ
とをもとに、人の答えを真似ること。加えて、自己分析
を怠り、憧れだけで大企業、有名企業ばかりを選ぶこと。

遠くても安全な道 = じっくり自分と向き合い、的確な自己分析をすること。
その上で、じっくりと企業研究をし、企業と自分のマッチングを、まずは自分自身で考え見つけ出すこと。

　　　　後者があなたにとって真の正しい道だと思いませんか?

　　　　さぁ、迷うことなく、この本で私と一緒に、あなたにとって有意義な「自分探しの７日間」に取り組んでみましょう。

Contents

Prologue
自己分析を始める前に、絶対に知っておきたいこと

アフター自己分析 その2

自分の可能性を広げる職種研究

アフター自己分析 その3

自分の未来をどう生きていきたいか

Prologue

自己分析を始める前に、絶対に知っておきたいこと

企業は学生の何を一番知りたいのか？

　自己分析を始める前に、知っておいてほしいことがあります。

　それは企業が採用する学生を選ぶときに、学生から「一番聞きたいこと」と「知りたいこと」の２点についてです。

**　１．その学生のものの見方・考え方、嗜好性、能力**
**　２．この企業を第一志望と決めた理由**

　なぜこの２点であるか、おわかりでしょうか？

　企業の立場に立てばわかることですが、採用する側にとって、その学生との"相性"はとても大切なことだからです。

　たくさんのキャリアを積んで、さらに自分の実力を試すための"転職"であれば、企業はその腕 ＝ 実力だけでその人物を採用することがあります。

　しかし、学生には、ビジネスで培ってきた腕もなければ、ビジネス上通用する実力など皆無に等しい。

　それなのになぜ、企業は学生を採用するのでしょうか？

　企業にとって、学生の存在が"真っ白いキャンバス"だからだと私は思います。

　企業と相性が悪いキャンバス（学生）には、書き手（企業）が思うとおりの絵は描けません。しかし、互いの相性がよい場合には、書き手側としては、思いどおりの絵がスラスラと描けるはずです。

　この場合のキャンバス側（学生）の感じ方も同じではないでしょうか。

　大好きな人からであれば、何度描き直されても何度塗り替えられても、いい絵が完成されることを願い、進んで協力できることでしょう。

しかし、だからといって、企業は、真っ白いキャンバス＝純粋無垢なあなたを勝手に利用しようと思っているのではありません。

「あなたが好きなこと＝できること」を、あなたがその企業で「頑張ること」が、企業の「発展」につながります。

加えて、上司対部下という、ピラミッド上の縦の関係が企業ですから、心が通じていれば、仕事はもっと楽しくなり、やりやすくなるはずです。

良好な人間関係の中で、"育てて‐育てられる"結果、お互いがWin-Winの関係になるのです。そうなれば、売り上げや成果という数字上のことだけでなく、メンタル面でもお互いにハッピーになるであろうことが想像できます。

だからこそ、この2点を必ずチェックするのが、企業の狙いなのです。

面接官は学生のウソを見抜く 厳しい目を持っている

しかしながら、この極めて重要な2つの問題を、パパッと考え、ササッと答えを出してしまう学生が多いことに問題があります。

ましてや、昨今の企業案内のほとんどに、「求める人物像」が明記されているため、エントリーシートに書く自己PRの内容を、企業が求める人物像そのものに学生たちが意図的に変えているケースが増えています。

そうすると、何が起こるか想像がつきますか？

求める人物像が、偶然にもあなた自身とまったく同じであれば、あなたにとっても企業にとってもこれほどハッピーなマッチングはありません。

しかし、そう簡単に合うはずがないと、面接官は考えています。

集団よりも個を第一に考える昨今は、年齢、性別に関係なく、考え方も生き方も十人十色、いろいろなケースがあるからです。

だから、あなたがエントリーシートに書いたことや、面接で質問に答えたことが、真実であるかどうかを見抜く厳しい目を、面接官であれば、役職などに関係なく誰しもが有していることになります。

自己分析をしなかった女子学生の場合

先に述べた、企業が求める人物像に対し、意図的に自分を重ね合わせる、一見"要領のよい"学生の例を考えてみましょう。

企業が求める人物像そっくりに自分を「作ってしまった」結果、面接官から深く問われたときに、多くの学生が、本当の自分がどのような人間であるのかを説明できないというケースに陥ります。

こうなると、誰もが避けて通りたい"圧迫されたかのような面接"になるのが目に見えています。なぜなら、エントリーシートに書いていることと、目の前で答えるあなたの答えに一貫性がないからです。

ある女子学生の模擬面接をしたときのことです。

彼女は、海運業界を目指していました。3年の秋までの間に300人もOB・OG訪問をしたほどの、驚異的な積極性を持つ学生でした。

第一印象もよいし、頭脳明晰、加えて高い語学力。海運業界にとっては申し分のない実力です。

しかし、彼女の模擬面接の回答は、疑問だらけでした。

15分で終わらせるつもりでしたが、倍以上かかりました。なぜなら、彼女の答えのすべてが、どう考えても彼女らしくないからです。加えて、何を言いたいのかが不明でした。どんな角度から質問しても、完璧と思われる回答ばかりが出てくるのですが、そのすべてが実は一貫性のないものばかりでした。つじつまさえ合わないのです。

あとで聴くと、彼女は自己分析を一度もしたことがない
と打ち明けてくれました。

　自己分析する時間を、すべて先輩訪問に傾け、300人全
員の成功体験と成功談を、完璧に暗記して、まるで自分の
答えであるかのように結び合わせていったそうです。どう
りで説得力にかけると思いました。

　エントリーシートはまだしも、面接では目の前に学生が
いるのですから、ぜひ欲しいと思えるような学生の場合に
は、面接官はどうしても「なぜ？」「どうして？」と聞きた
くなります。

　**彼女の場合、すべての回答が他人の答えですから、「な
ぜ？」「どうして？」と追及されたあとの答えに、つじつま
が合わなくなってしまったのです。**

　この模擬面接をしたのが、２月下旬。海運業
界を含め大手企業の面接は当時、４月から一気
に始まりました。彼女の場合は、やり直すには
遅すぎて、結局４月中の海運業界はもちろんの
こと、第一志望群にはせいぜい二次面接まで行
けるのが精一杯でした。

多くの学生が陥ってしまう失敗とは？

　そこから一念発起して、彼女は何とか結果を出しましたが、
相当な苦労をしたようです。卒業年の年明けだったと思います、
内定報告の際、彼女はこう私に話してくれました。
「先輩訪問をしただけで、絶対に勝った！　と思い込んでいまし
た。だけど面接が始まり、そうではないという現実を知りまし
た。

　自分の答えでなければならないとわかっていましたが、あま
りにも先輩の成功体験が素晴らしくて、そして何よりも自分に
まったく自信のなかった私は、あわよくば面接官が追及さえし
なければいいと願いつつ、つい、他人の言葉で話し続けてしま
いました。

　同じ大学の友人がどんどん内定をとっていくなか、私だけ内
定をとれないまま、あっという間に秋になり、冬になり、心が
折れそうでした。

人の成功体験を述べても、むしろ自分を窮地に落とし込むだけだと身に染みてわかった辛い就活でした。

時間はかかりましたが、自己分析の結果、自分らしさを素直に語ることができたとき、ようやく1社内定につながりました。

"あなたのような方を求めていました"と言われたとき、号泣してしまいました。自分ができることだけでなく、素直に語った自分の弱さ、自信のなさを丸ごと受けとめてくださった企業に出逢えて、私は今、本当に幸せです」

彼女の失敗は、他人事なんかではありません。誰しも陥る失敗例そのものです。もしもインターンシップに参加していれば、もっと早い段階で気づくことがあったかもしれません。

面接でうまく受け答えができずに「自分だけ圧迫ぎみだった」などと思ってしまう学生が結構います。当事者には気の毒ですが、それは**その学生の答えがわかりにくく、不十分だったから**のはずです。

自分がやるべきことをしっかり準備し、どんな質問に対しても、常に"ありのままの自分"を正直に話すことができる学生なら、面談も面接も何も恐れることはないからです。

就活にウルトラQの裏技はあるか？

マニュアル本に書かれている成功体験を丸写しして、OB・OGからのアドバイスをそのまま話しても、結局は何も得られません。

私はもう25年以上、学生の就職支援をしていますが、就職活動を成功させるための、ウルトラQなる裏技はないと考えています。

就職活動こそ、"アナログの世界"。自分の目と足、自分の意思と感性、汗と涙、努力と最後まであきらめない気持ちが大切です。

「人一倍、苦労しろ」と言っているのではありません。

　できるだけ"楽して得したい"と考える気持ちは、私にもわかります。誰だって、あえて苦労なんかしたくありません。

　しかし、

　企業は"楽して得したい"と考えている学生を真っ先に落とす

ということに、もっと早くから気づいてほしいのです。

　大学卒業後の社会とは、これまでの学生生活のように、大学や家族というあなたの周囲が、何でも欲しいものを与えてくれる、サービスしてくれる世界ではありません。すべてが自己責任という厳しいものです。

　あなたの周りの世界観が"180度変わってしまう"のが、社会に出て働くということなのです。

自己分析をすることで得られる
"2つの重要なメリット"

　自己分析を自分でしっかり考え、早期段階で「整理＆まとめ」をしておくことで、"2つの大きなメリット"があなたのものになります。

　　1. 自分自身のことがよくわかる＝人間性・適性
　　　　（どんな仕事ができるか、向いているか）
　　2. 選ぶべき企業のことがよくわかる
　　　　　　　　＝企業と自分との相性

　これをもっと細かく言えば、就職活動の成功に必要な**"3つの流れ"**を、自ずと自分のものにすることができます。

　　　　自己分析 → 自己PR → 志望動機

　事実上の一次面接である書類選考（エントリーシートや履歴書送付）や、最大の難関と言われる面接も、**「自己分析」による自分に対する正しい理解**がまず必要です。

　なぜならば、「自己分析」に基づいた、効果的な「自己PR」と説得力のある「志望動機」の完成度と信憑性が、内定獲得のための最大のカギを握っているからです。

　たとえば、「自己PR」が「人の役に立てることが私の喜びです」だとしましょう。志望先が、仮に公務員であるならば、「志望動機」は「公務を通して世の中の様々な問題や弱者を救いたい」とつながるでしょう。

　ここまでは、「自己分析」をしている・していないにかかわらず、おそらくどの学生も考えることができる回答です。

　次は、それを自分の言葉で "証明" しなければならないので、"あなた自身のエピソード" が必要になります。

　今までしてきたアルバイト、サークルやボランティア活動などを通して、たくさんのエピソードがあるはずですが、履歴書やエントリーシートに書く欄には制限があります。面接でも、答える時間はエンドレスではありません。

　そういった制限のなかで、できるだけ "自分らしさ" や "自分の強み"、"意欲" などをアピールし、面接官を納得させなければなりません。

　そこで、「自己分析」をしている人は、不意に問われたことでも、自分らしいエピソードを効果的な場面で的確に使い、アピールすることができます。

　ここに、「自己分析」をしている人・していない人の差が出てくるのです。

ここで、自己分析をしている人と、していない人とでは、就職活動にどのような差が出るのか、その結果どうなるのかを見てみましょう。

	自己分析をしている人	自己分析をしていない人
企業研究	**大企業や有名企業であるというネームバリューだけにおどらされない** ↓ 憧れや人の噂に惑わされることなく、企業の良し悪しを正しく判断することができる	**大企業や有名企業ばかりに興味・関心が集中する** 憧れだけで判断してしまいがちなので、正しく企業のことを判断することができない
エントリー（応募）	**大企業・有名企業ばかりに集中することなくエントリーする** 自分に合う仕事を含め、中小企業にも目を向けられるので、自ら可能性の枠が広がる	**大企業・有名企業ばかりに集中してエントリーする** 中小企業へのエントリーがないことへの弊害に、この時点でまったく気づくことができない
エントリーシート	**どの項目に対しても、素直に自分の言葉で書き入れることができる** 全体を通して軸がぶれないため、一貫性がある内容になる	**何を書けばいいのか迷い、マニュアル本や成功体験談を真似して書いてしまう** 全体を通して軸がぶれてしまうので、説得力がなく、すぐ人真似だとバレてしまう
面接 （自己PR～志望動機）	**自己PRや志望動機を自分の言葉で的確に伝えることができる** 必要なエピソードを無駄なく効果的に入れることができるので、説得力が増す	**自分ではよいと思っている自己PRや志望動機の軸がぶれる** 圧迫されるとエピソードも出てこなければ、軸が定まっていないので説得力ゼロ
内定後	**上司や顧客からの指示をすんなりと受け入れることができる** ↓ 自分を偽ることがなく、企業やその仕事と相性が良いため、仕事へのやりがいが増す	**指示されるたびに、「こんなはずではなかった」と、いちいち動揺する** 自分の適性を偽ったため、仕事をするたびにストレスが増し、早期退職につながる

たとえばこの差は、エントリーシートの書き方からも違いがわかります。比較してみましょう。

「あなたが学生時代に頑張ったことは何ですか」（400字程度で）

○ 自己分析をしている人の回答

大学2年時より卓球部で主将をつとめ、最下位だったチーム成績を全国リーグで3位にまで押し上げたことです。当初は本気で上位を目指そうという部員と、ただ楽しめればよいというサークル気分の部員に分かれていました。同じトレーニングを続けても全員のモチベーションを上げることが難しいと考えた私は、一人ひとりとじっくり話し合ったところ、モチベーションが低かった部員たちも実は全国リーグに出場してみたいという気持ちがあることを知りました。それからは全員で話し合い納得した上で同じメニューをこなし、内容も徐々に高度なものに変える工夫をしました。次第に部員全員の気持ちが一つになり、やる気が感じられるようになりました。3年時には長い間の先輩方の夢であった全国リーグに出場し、見事に3位入賞を果たしました。課題を発見し、全員と向き合い解決策を共に考え、全員の気持ちを一つにしたことで得られた結果だと自負しています。

まずはじめにアピールポイントを簡潔に述べる

伝えたいことを具体的エピソードを用いて、しっかり表現する

× 自己分析をしていない人の回答

大学2年時より卓球部で主将をつとめました。弱少チームだったため、主将になるのは絶対に嫌でしたが、先輩からやれと言われてしぶしぶ引き受けました。この部は以前から部内の対立が激しく、部員のモチベーションが低いことが課題と考えた私は、さまざまな工夫を重ね、見事に課題を解決することができました。3年時には、全国リーグ3位につくことができ、努力は報われるということを知りました。

アピールが不十分で否定的な表現が多い

どのように頑張ったのか具体的なエピソードがない

字数がある程度埋められていないとやる気が感じられない

23

いかがでしょうか？
自己分析をするメリットがもうおわかりかと思います。
はじめは「面倒くさい！」と思う人も多いことでしょう。
　しかし、「自己分析」は、結果として内定をとるための一番の早道でもあるのです。

Prologue

「やりたいこと」は社会に出れば
もっと見えてくる

そもそも今のあなたは、「やりたいこと」が明確でしょうか？
それとも漠然としたものでしょうか？

　組織に所属する正社員としての働き方ではない選択肢も存在します。卒業と同時に、もしくは学生時代から起業する学生もいますし、昨今、注目を浴びている、企業に属さない個人事業主、フリーランスの労働者に該当するギグワーカーという働き方もあります。個性を重視し、自分らしくありたいと考える多様性の時代には、仕事といってもこのように様々なものがあります。

　それでもとりあえず組織に所属して、まずは社会に出るという選択肢が圧倒的に多いのも事実です。そのような生き方を選ぶ人でも、最後まで自分が何をしたいのかわからないまま、企業に属する人たちもたくさんいます。それも長い人生の中ではありなのではないでしょうか。

　場合によっては、「やりたいこと」にこだわらず、「とりあえず社会に飛び出してみる」という柔軟な考え方のほうが、今のような先が見えない時代には、もう少し気持ちが楽に生きられるのかもしれません。

　両目をつぶって「エイッ！」とやみくもに社会の荒波に飛び込めというつもりはさらさらありません。

「やりたいこと」は夢として抱きつつ、「自分にできること」が何か1つでもあれば、まずは社会に出て働いてみる、試してみるという考え方も必要なのではないでしょうか。

自己分析を始める前は、「私なんて、絶対無理」「僕も、そもそも何をやっていいかわからないし……」という気持ちでも結構です。

それでも、勇気を出して、まずはこれまでの自分を振り返ってみましょう。

その結果、そのときの1つ1つはどうでもいいことで、何のつながりもないように思っていたことが、すべてに関連性があるかもしれないという気づきに変わっていきます。偶然ではなく、すべてがあなたのそれまでの生き方から起きた必然的なことなのかもしれないのです。

そして、そんな日常の中に、あなたの成長の様子が見え隠れしているはずです。その一進一退の変化を経て、間違いなく**"今のあなた"**があるのです。

そのことに少しでも気づくことが、実は、自己分析の最大のメリットなのです！

きっと今よりも、もう少し自分のことが好きになれるかもしれません。

本書の正しい活用の仕方

ただでさえ自己分析が面倒くさい、億劫だと思っている学生が多いからこそ、より効率的、効果的に進めたほうが、あなたのためにベストだと思いませんか？

ぜひ、次の「自己分析の掟8ヵ条」を守ってください。
これを守っていただくことで、必ずや自己分析をした結果、気がついたことや見つけたものが"書ける・話せる"だけでなく、自ずと企業選びにまでつながっていくはずです。

坪田流
一生モノ！「自己分析」の掟8ヵ条

第1条
まず設問に従い、
順番を守って、
答えを書いていくこと

1つ1つの質問の流れに意味があります。書きやすいところから書き始めないでください。そのときそのときの過去の出来事が因果関係となって、今のあなたができあがっているからです。

第2条
1つ1つの質問に
悩み過ぎないで、
真っ先に思いついたことを
どんどん箇条書きで書いて、
とにかく先に進むこと

自分にとって嫌なこと、思い出したくないことでも、時間をかけすぎることなく、簡潔に枠の中にまずはサラリと書いていきましょう。

第3条
項目別に、書き上げた
ものを確認したあとは、
解説に従って、
丁寧な分析作業を
すること

1つのワークが終了するたびに、自分を振り返ることができるよう解説をつけています。この解説をしっかり読んで、その時点で"当時の私はこんなことを考えていたんだ"と認識することが大切です。

エピソードをたくさん思い出すことが大切だからです。自分ではどうでもいいことに感じることが、客観的に見ると、実は自分を正しく理解する上でのヒントになることがあります。

第4条
1日1ワークを厳守。
1日目の分析作業が終わったら
先に進まずに、その日はその項目に
関する自分自身について、
しっかり振り返ってみること

第5条

前記４条までの
作業を終えても、
あとから思い出したり、
ひらめいたことがあれば、
すぐに該当箇所に箇条書きで
書き込んでいくこと

そのときは思い出せなくても、あとで「そうだ、あんなこともあったっけ……」と思い出すことがあります。第４条で解説したように、どんなエピソードも思いも、まずは書き込むことがポイントです。

「自分軸」を持って企業説明会などに参加をすることで、知名度や憧れだけに振り回されない、より自分に合った企業選びができるようになります。

第6条

企業研究を始める段階では、
自己分析の結果を見て、
その都度、自分らしさを
改めて確認、把握すること

第7条

面接段階においても、面接官との
やりとりの中で、自分自身について、
気がついたことや新たな発見が
あれば、適宜、該当するページを開き、
箇条書きで書き込んでいくこと

このとき、すでに書いたものを消しゴムで消さないことがポイントです。二重線を入れて、新しい自分像を書き込むようにします。もしかしたら、先に書いたことが真のあなたらしさで、あとで書き入れたことが、自分をもっと良く見せるための勘違いであるかもしれません。もちろん、その反対も然りです。

あなたは今後、さらにステップアップを目指し、転職することがあるかもしれません。次なる仕事を的確に選びたいときに、「自分軸」が大切なキーワードとなります。次はどんな仕事に就こうかと迷ったときこそ、本来の自分像＝「自分軸」がヒントになることでしょう。

第8条

無事に就職活動が終了し、
社会人になってからも、
人生における就労期間が
終わるまで、この本は
捨てないで
保管しておくこと

　自己分析の掟・第2条について、さらに補足をしておきます。
なぜ、あれこれと考えすぎないで、"真っ先に思いついたこと"
を書いたほうがいいのでしょうか?
　そのヒントが、普段の生活のこんな会話にあると思います。

　原宿駅前でデートの待ち合わせ。
　ちょっと遅れてきた彼女の洋服を見て、彼が思わず一言。

「なあ、ちょっと今日のオマエの服、派手す
ぎじゃない?」
　当然彼女は、彼のことを睨み、
「えーっ!　どこが派手なの、ヒドイ!!」
　彼女の怒った顔を見て、すかさず彼は言い
直す。
「いや……派手っていうよりかさ……ちょっ
と大胆で(タジタジしながら)、すっごい
……そう、すごいおしゃれって意味さ、ハハ
(白々しい笑い声)。

似合ってるよ、そんな色の服も。いつもの君とは違う魅
力だね。さっすがあ、僕のまりちゃん、ハハ……(顔と
声が何だか不自然)」
　そんな彼の本音に気づかない彼女。ようやくニッコリ。

　ここで、彼氏の気持ちを改めて考えてみましょう。
　言い換えた彼の言葉どおり受けとめてしまうと、真実
を見誤ってしまいます。
　"客観的に"彼の本心を考えると、やはり最初に言った
「派手(=みっともない、勘弁してくれよという気持ち)」
という言葉が真実なのです。

28

　これからデートをするのに、彼女がいきなりムッとしてしまったので、「派手」という本心を慌てて訂正して、「大胆でおしゃれ」に言い換えただけ。

　つまり彼の気持ちは、「今日のデートで、彼女と連れ添って歩くのが恥ずかしい＝嫌」なのです。

　実は、自己分析でも同じようなことが言えます。

　たとえば、短所に「すぐキレる」と書いたとしましょう。書いたあなたは、じっとそれを見て、

「こんな自分は、いくらなんでもひどすぎるだろう。絶対、こんな性格じゃ、どこからも内定もらえないよな」

　と考え込むあまりに、消しゴムで消して、「ときに短気なところがある」と書き換えたとしたら……。

　　　　　大きな過ちをすでにしてしまったことになります。

　　すぐキレる＝ときに短気

　では絶対にありませんよね。

　たったこれだけを見ても、仕事の適性として、たとえば企業の秘書的な職には向いていないことがわかります。

＊秘書―要職にある人に直属し、機密の事務や文書を扱い、その人の仕事を助ける役
＝秘書は自分のことよりも、相手のために尽くす姿勢が必要です。嫌なことがあっても、おくびにも出さず、どんなときも上司やお客様に笑顔で接することが秘書に求められる資質です。

　ただキレるだけでなく、口が軽いのも短所だとしたら？　憧れだけで秘書になったとしたら、先が思いやられるというものです。いくつ首があっても足りません。

Prologue

　だから、これから始める7日間のワークを、8ヵ条の掟を守って素直に、真っ正直に書いてください。

　自己分析とは、人に見せて添削をしてもらう類（たぐい）のものではありませんから、書くことを恐れる必要も格好つける必要もさらさらありません。

　そして、素直な自分、等身大の自分をしっかり理解した上で、本当に自分に合った仕事を、最終的には考えていきましょう。

◎まとめ
効果的な自己分析とは──

1. 自分の過去を"素直に"振り返ること
2. 自分の性格・適性を"素直に"見つけること
3. "ありのままの自分"の持てる能力を自覚すること
4. 自分の"やりたいこと"をとりあえず考えること
5. 自分が決して"やりたくないこと"をも考えておくこと
6. 物事や社会に対する"ありのままの自分"の価値を見つけること
7. その結果、"自分に最適な"仕事を見つける1つの手段にすること

エントリーシートが書ける！
面接で話せる！

自己分析
7日間
プログラム

本書は、PART 1 と PART 2 で構成されています。
PART 1 でしっかり自己分析を行ったあと、
PART 2 の業界・企業・職種研究で
あなたの適性を探っていきます。

PART 1 の自己分析ワークで、
まずは「働く」ということについて考えながら、
あなたのこれまでの成長を振り返ってみましょう。
そして、エントリーシートや面接でアピールできるあなたらしさや、
あなたの強みと言えるものを
言葉で明確に表現していきましょう。

1日目

「何のために働くのか」を
明確にする

「なぜ働くのか」を考えると、今やるべきことが見えてくる

　私の「自己分析」講座では、いきなり学生たちに自分の "過去を振り返る作業" から取り組ませることはしません。

　まず最初に、「なぜあなたは働くのですか？」という問いかけをします。

　この質問は当たり前のことすぎて、面接の冒頭で聞かれることは少ないはずです。しかし面接が進む中で「この学生は一体何を考えているかよくわからない……」と思われたときには、あなたの本質に触れるために、根源的なこの質問をずばり聞かれることがあります。

　私がこう問うと即答する学生は少なく、考え込む学生がどちらかと言えば多いように思います。考えた末に「生きるため？」「生活するため」などと恥ずかしそうに答えます。恥ずかしそうに答えるのは、「こんな当たり前の答えでいいのだろうか」と感じているからだと思います。もちろんOK。**自己分析こそ直感で正直に答えることが大切だからです。**

　はたまた「親への恩返しのため」「やりたいことがあるから」という回答もあります。人の心は十人十色ですが、この問いだけはたいてい "まじめな答え" が返ってきます。おそらくこの質問は簡単なようでいて、実は、私たちの心の奥深くにある何かが絡んでいるからだと思います。では早速、ワークに取り掛かりましょう。考えすぎないで、直感でずばりと答えてください。

「自分は何のために働くのか」をまず明確にします。

（書き方のポイント）
結論は 20 字以内で簡潔に書き、理由はできるだけ詳しく書いてください。
たとえば、結論が「自立するため」であったとしたら、理由は「母子家庭のため、母親が一生懸命働き、これまで自分の教育費を出してくれた。これからは自分が働き、早く親孝行をしたいと考えているから」などと、できるだけ詳しく書いてみてください。

あなたはなぜ働くのですか？

🖋 結論（20 字以内で）

なぜ働くのか、その理由を書いてください。

🖋 理由（できるだけ詳しく）

さあ、どんな結論になりましたか？「生きるため」などであれば、アルバイトをする理由と似てくるかもしれません。しかし理由を詳しく書いていくうちに、"アルバイトは短期、社会人として働くことは長期、自分のこれからの人生の大半を占めるものなのに、こんな当たり前の結論や理由でいいのかなあ"とモヤモヤしてきた人がいるかもしれません。そう、自己分析の出発点は、このモヤモヤした気持ちにまずなっていただきたいのです。

　「３人の石切り職人」の話をご紹介します。R.F. ドラッカーの著書でも示されている、仕事を考える際の有名な寓話です。
　昔、旅人がある町を通りかかったとき、教会の建設現場で３人の石切り職人が働いていました。旅人が何をしているのかと尋ねたら、三人三様の答えが返ってきます。
　「お金を稼ぐためさ」
　「固い石を切るために悪戦苦闘をしているのさ」
　「人々の安らぎの場所となる教会をつくっているのさ」

　なぜ違う答えが返ってきたのでしょうか。「仕事とは、お金を得るための稼業」「仕事とは作業そのもの」「希望をもって何かを成し遂げようとする使命」という３人の"心の中にある何か"が違うからだと思います。こう考えると仕事とは、奥が深いものだと思いませんか？

　人生 100 年時代、私たちの人生の大部分を占有するのが仕事。その選択を人任せにしたり、成り行きに任せたりすることはもったいないことではないでしょうか。

　だからこそ、あえて、"何のために働くのか"を自分の言葉で語ることができるかどうかが、まず大切なのです。
　「なぜ働くのか」を明確にすれば、その仕事に就くために「これから自分は何をすべきか」もおのずと見えてくるはずです。

「働くこと」への自分の欲求レベルを 確認しよう

アメリカの心理学者マズローは、人間の欲求には段階があると説いています。その欲求は5段階からなっており、次元の低い欲求が満たされてはじめて、次の次元の欲求が出てくると解説しています。

この「マズローの欲求段階説」の各段階について、簡単に説明します。

人間も動物も、まずは『生理的欲求』から始まります。
言い換えると、衣食住の整った環境が、生きるためには最低限必要だということ。屋根のある家に住み、衣服をまとい、食事をするという生きるための欲求のことです。
すなわち「生命維持の睡眠と食事」が、第1段階の欲求です。

その第1段階である生理的欲求が、今日だけでなく、明日も明後日も充足するようにと願うのが人間の感情です。
すなわち第2段階は、『安全の欲求』＝「生理的欲求の満足を維持すること」になります。

第3段階は、『社会的欲求』です。個々人が人間らしく安全に暮らせるようになると、一人ぼっちではなく、集団の中に入りたいという新たな欲求が生まれてきます。就職活動をする目的も、この第3段階の社会的欲求に該当するのかもしれません。
「集団への帰属意識と愛情の欲求」とも言われます。

第4段階は、『自我の欲求』です。ひとたび社会の中に入ったら、もっと認められたい、もっと昇給したいという気持ちが出てくるのが人の成長というものです。
「尊厳と自尊心の欲求」とも言われます。

　第5段階は、『自己実現の欲求』です。社会に入り、上司や同僚・先輩、お客様に認められ、昇進・昇給が果たせると、次なる大きな目標が出てくるものです。場合によっては、その企業で働き続ける道ではなく、外に飛び出し、新しい世界で違う自己の可能性を伸ばしたいと考えることもあるでしょう。

　言い換えると**「自己の可能性を伸ばすこと」**、これが第5段階の一番高い欲求に該当します。

マズローの欲求段階説

これを就活にあてはめると…

⑤ 自己実現の欲求

④ 自我の欲求

③ 社会的欲求

② 安全の欲求

① 生理的欲求

⑤ 起業する、社長になる、
　 マイホームを持つ、
　 海外で生活する、など

④ 将来のキャリア成長のため

③ 自分を成長させるため、
　 結婚して家庭をもつため、
　 親に恩返しをするため、など

② 生活を安定させるため

① お金をかせぐため、
　 自立するため、など

さあ、あなたの結論は、このマズローの法則の中の何段階に属していますか？

ちなみに、学生の就職意識調査によると、就職観の上位を占める項目は、次のとおりです。

1. 楽しく働きたい	38.9%
2. 個人の生活と仕事を両立させたい	22.8%
3. 人のためになる仕事をしたい	11.9%
4. 自分の夢のために働きたい	9.7%
5. 収入さえあればよい	7.7%
6. 社会に貢献したい	5.4%

（2024年卒マイナビ大学生就職意識調査より）

多くの学生が答えられない最も肝心な質問

それでは次に、あなたの書いた理由についておたずねします。

「何のために働くのか？」という問いに対し、私がこれまでに出会った学生たちの回答は、大きく分けると次のような３つの意見に分かれます。

1. 自立するため
母子家庭に限らず、
親にこれ以上負担をかけられないと考えるから

2. 将来を見据えて
結婚して家庭をつくるなら、お金は必要だから

3. 自己実現のため
できれば将来は海外で働く、いつか起業するなど、
高い理想を持っているから

　エントリーシートに書くときや、面接で答えるとき、働く目的について「自立のため」「親にこれ以上負担をかけられないと思うため」と書いても、決して恥ずかしい答えでないことがわかります。
　しかし、私が知る限りでは、５割くらいの学生が**「自己実現のため」**と書き、そう面接で答えています。

　もし、あなたがそう書いたなら、おたずねします。
　本当に、あなたの働く理由は「自己実現のため」なのでしょうか？

　格好つけて、「自己実現」と書いているのではないでしょうか？
　気をつけなければならないのは、そんな学生に対して、面接官がさらなる質問（追及）をかけてくることです。

「その、あなたの自己実現の中身は何ですか？」

　的確に答えられない学生が、実にたくさんいます。そんな学生に対し、いよいよ圧迫と感じるような深掘りが始まることがあります。

　面接官は、学生をわざと困らせるために、なんで？どうして？　と矢継ぎ早に質問するわけではありません。書類選考時から、あなたに素直な関心を持っているからです。だから面接ではあなたを採用する動機づけを見つけるために不明な点を解消していきます。

あなたの「自己実現」の中身は何ですか？

そもそもあなたにとって「自己実現」とは何なのでしょうか？

「自分のやりたい仕事ができること」が自己実現であると考えるのは、あまりにも楽観的、飛躍しすぎかもしれません。

自己実現という言葉は、確かに響きも格好もいいし、若い皆さんにとっては単に憧れのみならず、もしかしたら誰でも果たすことのできる簡単なことのように思えるのかもしれません。

　しかし、真の意味での自己実現とは、もっともっと難しく、たくさんの努力や忍耐の先にあるものだと私は思います。

"欲求"という言葉を調べてみると、

・欲しがり求めること、願い求めること
・生理的・心理的に必要なものが足りないとき、
　それを補うための行動を起こそうとする緊張状態
・動物や人間を行動に駆り立てる原因

　などがあります。
　最後の説明が、一番わかりやすいかもしれません。

　「動物や人間を行動に駆り立てる原因」が欲求ですから、あなたにとっての働く目的が、"生活 ＝ 生きるため ＝ 自立"であるならば、卒業までに安定した就職先もしくは自分が納得した先を決めたいと思うはずです。
　逆に言えば、生きるために働くと考えるならば、どんなに苦しい就職活動でも、最後まであきらめないで頑張ることができるのではないでしょうか。

　だからこそ、あなたにとっての働く目的が「自己実現のため」という言葉になる場合には、面接官からその内容を問われる場合があることを想定して、現状どのように考えているかをきちんと答えられるように準備をしておきましょう。

重要なことは "地に足がついている学生" かどうか

　では、真の意味ではなく、格好をつけるために「自己実現のため」と書いたあなた。

「生きるために働きます」
「家族の負担を軽くするために働きます」

　という答えが、実はあなたにとっての本当の答えならどうしますか？

　「生きるためにがむしゃらに働きます」と答えて何が悪いのでしょうか。
　心ある面接官なら、目の前で素直に答えている、地に足がちゃんとついている学生のことを、"この学生ならしっかり仕事に耐えて、弱音を吐かずに頑張ってくれる学生ではないか" という見方をすると思います。

　「生理的欲求」こそ、いざとなったら強いものです。自分で自分の食い扶持を確保するということですから、漠然と「自己実現のため」と書いてしまった人は、この精神面だけでライバルに負けてしまいますよね。

　「何のために働くのか」をまだぼんやりとしか考えていなかった皆さん。
　この質問は、必ずや問われる質問だと心得ておきましょう。
　決意表明のつもりで、この問いからしっかり自分の気持ちを確認し、「自分軸」をはっきりと見定めてください。

　ただ、もう１つ大事なことがあります。
　働く目的は "欲求" だけでは決められないことがあるということです。
　就職活動を成功させるためには、自分の "価値観" をも見極めることが必要だからです。

41

しかし"価値観"とは、「いかなる物事に価値を認めるかという個人個人の評価的判断」ですから、人によっては"価値観"と"欲求"が必ずしも一致しないということが起きてきます。

たとえば、公務員のように営利目的ではなく人の役に立つ仕事がしたい（＝これがあなたの価値観？）、しかし、たくさん給料が欲しいし、早く昇給して将来は大金持ちになりたい！　なんといっても世の中はお金がすべてだから（＝これがあなたの欲求？）と考えているような人の場合です。

こうなると、ぼんやり考えてもわからないはずです。

それほど、真の意味での"欲求"と"価値観"を見極めることは難しいことなのです。

あなたの"欲求"と"価値観"が、あなたの中でどんなふうに存在しているのか、これからの作業で少しずつ明確にしていきましょう。

さあ、ここまで読んだあなたは、今すぐにでもワーク1の結論と理由を書き換えたい！　と思うかもしれません。でもそれは待っていただけますか？　敢えてそのままにして先に進んでください。そして7つのワークがすべて終わったあとにもう一度、ワーク1に戻り、改めて考えてみてください。おそらくそのときには"私のライフワークはこれだ"と気づきはじめているはずですから、恥ずかしがることなく、胸を張って言える結論と理由に変わるはずですよ。

2 日目

小学生〜高校生時代の自分を「棚卸し」する

今の自分は、すべて過去の自分がつくりあげてきたもの

　まずは、あなたの過去の「棚卸し」をします。

「棚卸し」とは、

・決算や毎月の損益計算などのため、手持ちの商品・原材料・
　製品などの種類・数量などを調査し、価格を評価すること
・他人の欠点をいちいち数え上げること

などと、辞書には出ています。

　　**ここでの作業は、あなたという人間の、そのとき
そのときの主たる行動をできる限り思い出して、自
分がどのように成長し、どんな失敗をしてきたかを
全部洗い出してしまうことを目標にしています。**

　　自分がどのような人間なのか、どのようなことが
得意で、その反対に不得意なことは何か、何をする
のが好きで、絶対にしたくないことは何かなど、ぼ
んやりと考えてもわかるはずはありません。

　　たった今、現時点での自分について述べるだけでよい
ならば、たいていの学生が、それなりの答えを出せるか
もしれませんが、**大事なことは、今のあなたの良いとこ
ろも悪いところも、今、現在の時点だけで形成されたわ
けではないということです。**

自然ですら、大昔からの風雪に耐え、今のかたちがあるように、私たち人間も、そのときどきに周囲から何らかの影響を受けて、よくも悪くも今の自分がある、と私は考えています。

　自己分析の原点はまさにここにあります。
　項目ごとに書く欄がありますので、それに基づいて作業を進めてください。

一番幼かった時代から、
自分を主観的に見つめてみる

　まずは "**主観的な事実**" を書くことがポイントです。
　主観的とは、あなたの得意なこと・不得意なこと、嬉しかったことやその反対のことなど、自分の性格・自分だけの考えで、ただ思いつくままにダイレクトに表すという意味です。
　自分がそのときそのときに思いついたことや感じたこと、それらを書き出すことにより、次第に自分の好き嫌いの傾向や得意・不得意が見えてくるはずです。

　　　　書き方の注意を一点述べておきます。

　よくやってしまいがちなのは、すぐに思い出せるところから書く、または高校生時代から書き始めて、そこから遡って中学生・小学生時代を思い出す、というやり方です。
　しかし、思い出しやすい高校生時代から振り返るのではなく、あえて、しっかり思い出さないと書くことができない小学生時代から書き始めてください。

　最初は時間がかかると思いますが、一番幼かった時代から、必ず順番どおりに書いてください。
　理由はあとで述べたいと思います。

小学生 → 中学生 → 高校生時代の自分を、順を追って「棚卸し」をしましょう。

次ページのワークシートにあなた自身のことを書き込んでいってください。

（書き方例として）
得意科目・不得意科目・クラブ活動・趣味・将来の夢の項目は、思い出すまま簡潔に書きましょう。
CHECK欄は分析作業で使用するのであけておいてください。
下記の項目については書き方例を記しますので、過去を振り返る際のヒントにしてください。

長所と短所

〈長所〉明るい、協調性がある、好奇心が旺盛、責任感が強い、計画性がある、統率力がある、行動力がある、器用、我慢強い、誠実、几帳面、プラス思考、気持ちの切り替えが早い、熱意がある、向上心がある、勇気がある、人の面倒をよくみる、真面目、視野が広い、物事を冷静に判断することができる、など

〈短所〉自己主張が強すぎる、我儘、短気、真面目すぎる、慎重すぎる、せっかち、神経質、頑固、行動が遅い、心配性、優柔不断、八方美人、人見知り、不器用、すぐ飽きる、好き嫌いが多い、融通が利かない、視野が狭い、臆病、悲観的、とっつきにくい、人の目を気にしすぎる、主体性に欠ける、など

一番努力したこと

苦手だった数学のテストで毎回90点以上をとれるようになった、水泳を必死に取り組んで県内3位に入った、野球部で甲子園を目指して毎日朝から夜まで練習した、クラブ活動で副部長としてみんなをサポートした、英検や漢検など取れる資格は合格しようと目標を立て努力した、名門校をめざし中学受験を頑張った、第一志望の大学に入るために受験勉強を頑張った、など

一番嬉しかったこと

欲しかった自転車をおこづかいを貯めてやっと買えた、学内のマラソン大会で1位になった、期末テストで初めて5位以内に入り皆にほめられた、大学受験で第一志望に受かった、小・中・高とすべて皆勤賞をとり皆を驚かせた、競泳の選手として県の代表に選ばれた、テニスのダブルス戦でベスト4に入った、サッカー部でMFのポジションを獲得できた、オーストラリアでの2週間のホームステイ、など

一番辛かったこと

運動会のリレーで自分のミスでチームが最下位になってしまった、イジメを受けた、飼っていた犬が死んだ、サッカーの決勝戦で自分のケアレスミスがきっかけで大敗してしまった、陸上の短距離で頑張っていたが足の故障で競技をやめなければならなかった、祖父の死、両親の離婚、大学受験でどこにも合格できず自分だけ浪人した、部活で部長になったが力及ばず全員をまとめることができなかった、など

	小学生のとき	check
得意科目		
不得意科目		
クラブ活動		
趣味		
長所と短所	＜長所＞	
	＜短所＞	
一番努力したこと		
一番嬉しかったこと		
一番辛かったこと		
将来の夢		

中学生のとき	check	高校生のとき
<長所>		<長所>
<短所>		<短所>

2日目　自分を客観的に「分析」することで　見えるものは何か？

さあ、それぞれの項目に書き込みましたか？
それでは分析作業を始めましょう。

この自己分析ワーク2を、あなたは主観的に書いてくださったはずです。
では、次に、これらを客観的に見ていきましょう。
主観的に書いたことを見つめながら、今度はあなたが「なぜそう思ったのか・そうしたのか」を考えていきます。

たとえば「なぜ中学校まで好きだったことが、高校生になって変わってしまったのか」を突き詰めていくということです。
そうすることによって、**自分の本質の"ようなもの"が次第に見えてくる**はずです。

先に書き方の順番をあえて決めたのは、

小学生から高校生にいたるまでの経緯 ＝ あなたの成長の変化

を見極めるためでした。

たとえば、小学校までのあなたはとっても素直だった、しかし中学校高学年になってひねくれた性格に変わったとしたら、**成長の過程の中で、何らかの原因があったからにほかなりません。**
それらをしっかり思い出し、なぜ変わってしまったのか、その原因を突き詰めることで、今よりも、もう少し自分のことがわかってくるでしょう。

"客観的に自分を知る"方法は、主観的に書き出した1つ1つの具体例を書き出してみることです。幼い頃はどんな少年、少女であったのか、いろいろあったことの中で特化すべきことがあったとしたら、なぜそれに夢中になったのか、または打ち込めなくなったのかなど、整理することによってわかります。

この作業の結果、先に書き出した主観的な観点だけでわかった
つもりの自分の本質が、もう少し明確に見えてくるでしょう。
　主観的に考えた自分と客観的に見つめた自分とが重なっている
ところと、そうではないところがきっと出てくるはずですから。

各項目の「自分の成長と変化」の見極め方

　まず、それぞれの項目を1行ずつ「小学生 → 中学生 → 高校生」
と横に見ていきます。共通するところはイコール（＝）の印を、
そうでなくなったところにはイコールではない印（≠）を赤でつ
けてください。

　たとえば、このように、チェック欄に印をつけていきます。

	小学生	check	中学生	check	高校生
得意科目	算数	＝	数学	≠	国語

問題はイコール（＝）ではなくなった箇所（≠）です。
そのとき、あなたに一体何があったのでしょうか?

　その理由（原因）をよく考えて、しっかり書いていき
ましょう。
　これらを言葉にすることが、自分の仕事観や職業選択
の基準などのヒントになるからです。

＜得意科目＞

　どうしてその科目が得意であったのか、理由を書きましょう。先生が好きだったというような単純な理由と、その科目の内容そのものが好きだったという理由では、今後の仕事を考える上で大きな違いが出てきます。

　先生が好きだからその科目が得意だったとしたら、もしも先生が嫌いだった場合、得意ではなかったかもしれないからです。

　小学校から高校まですべての得意科目が同じであったなら、とりあえずそれは、あなたにとっての「売り」になるでしょう。

　たとえば数学がずっと得意なら、営業よりも数的処理などが求められる職種が向いているかもしれません。もちろんそんな単純に決められることではありませんが。

> なぜその科目が得意だったのですか？
> 変わってしまったとしたらその理由は何ですか？

＜不得意科目＞

　得意科目と同じ観点で作業を進めていきます。

　もしも不得意科目が数学なら、緻密な計算や作業をする仕事を選んだ人は、すぐにその仕事が嫌になってしまうかもしれません。

　このように、得意なことを仕事につなげるという考えだけでなく、不得意なことをも認識していきます。その度合いによって、その職種は自分には向かないかもしれない、という考え方が、きっとあとで役に立つはずです。

＜クラブ活動＞

授業とは違う観点で、クラブ活動であげた成果も書いておきましょう。

ここでも小学校から高校までの間で、クラブ活動の内容のみならず、質そのものがまったく変わってしまったならば、「≠」の箇所について、変わってしまった理由を考えます。

さらに、1つ1つのクラブ活動で、得たことやそれによって成長できたこと、またはその反対なども書いておくと、あとで効果的なエピソードになるはずです。なぜなら、職場の構造とクラブ活動が似ているからです。職場における縦のラインが「上司がいて部下がいる」ことですから、クラブ活動も「監督がいて、先輩、同年代、後輩がいる」という同じ構造だと思いませんか？

・小学生時代

・中学生時代

・高校生時代

<趣味>
たとえば、次のようになったとします。

	小学生	check	中学生	check	高校生
趣味	手芸	？	料理を作る	？	洋裁をする

　言葉だけでとらえると、それぞれが≠となりますが、人によっては同じだと考えて結構です。

　この場合、手芸をして作ったものを誰かに見せる、料理を作って誰かに食べてもらう、また洋裁で作ったワンピースを誰かに見せて褒めてもらったり、興味を引くことが嬉しいなら、価値観は同じであるはずだからです。またはそれぞれを自分で考え、アレンジして作る喜びがある人も同じです。

　趣味については、価値観に近いものが判断されるからこそ、エントリーシートや面接でよくこの質問が問われます。

　　また、面接官にも感情がありますから、面接官の趣味とあなたの趣味が同じなら、こんなに嬉しいことはありません。

　　営業職の人は、営業先の相手の趣味を事前に調べることがよくあるそうです。営業中、まずは趣味の話から共通点を見つけられると、当然、会話が弾むからで、それを商談に結びつけるきっかけにするのです。

　　あなたがなぜそれが好きなのか、必ず答えられるようにしておきましょう。

　　あなたはなぜその趣味が好きなのですか？
　　各時代のあなたの趣味に共通している価値観は何ですか？

＜長所と短所＞

　これは簡単な質問のようで、実は企業が内定を出すための肝心なポイントでもあります。あとに出てくる自己分析ワーク4で詳しく解説します。

　とりあえずここでは、**小学校から高校までの流れの中で、あなたの長所・短所に変化があったとしたら、そのとき何があったのかを明確に思い出し、書き出すようにしてください。**

　おそらく、友人関係や家庭環境などが影響している場合が考えられます。あなたにとって書くのが辛いことでも、しっかり思い出し、言葉にすることが、あなたという人間の人格形成のプロセスを知る上で、大切な手がかりになります。

　　　　辛くても目をつぶることなく、そのとき何があったのかをしっかり言葉にして事実を書き出してください。

　　　あなたの長所や短所に変化をあたえた
　　　出来事はありましたか？

・あなたの長所がつくられた背景は？
　変化が起きたときの出来事は何ですか？

・あなたの短所がつくられた背景は？
　変化が起きたときの出来事は何ですか？

＜一番努力したこと＞

　あの頃の努力は、今も続いているでしょうか？

　おそらく小学校でも中学校でも、人によっては受験という言葉が出てくるかもしれませんが、単なる親の勧めではなく、もしも自分から言い出したことであれば、それをしっかり明記しておきましょう。

　人から言われて努力したのではなく、自ら進んで努力して結果を出したことに、あなたの向いていること、できることのヒントがきっとあるはずです。

　そしてその努力がどれほどのものであったか、さらに成果をも言葉にしておくことが大切です。

 小学校から高校までで、あなたが自分から進んで
一番努力したことは何ですか？
努力の度合いと、あれば成果も書いてください。

＜一番嬉しかったこと＞

　あなたらしさが素直にわかる部分です。

　まず大切なのは、なぜそれが嬉しかったのか、理由を明確にすること。

　次に考えるべきことは、小学校から高校までの間の嬉しかったことに対する質（価値観）が大きく変わってしまったとしたら、変わったそのときに何が起きたのか、具体的な事実を思い出すことです。

　たとえば、中学校までで一番嬉しかったことは、勉強面で両親や先生に褒められたことだとしましょう。しかし高校では、勉強で褒められること以上に、クラブ活動や友人関係の中で、真の友情が芽生えたこと、信頼されたことへの喜びだとしましょう。

　こんなふうに、人との関わりの中で喜びを見出す人も少なくありません。それは人間としての素敵な成長だと私は思います。

小学校から高校までのあなたが嬉しかったことに共通する
価値観は何ですか？　もしそれがどこかで変わったのなら、
そのとき何があったのですか？

＜一番辛かったこと＞
　人によっては、最も思い出したくない項目だと思います。
　しかし、どんなに思い出したくないこと、書きたくないこと
でも、ここは割り切って言葉にしてください。

　　　　　　　　　　その上で、**どうやってそれを乗り越えたのか、ま
　　　　　　　　　たは未だに乗り越えられないでいるのかをも書き足
　　　　　　　　　しておきましょう。**
　　　　　　　　　　面接で、学生が答えやすい質問は、一番嬉しかっ
　　　　　　　　　たことや一番努力をしたことだと思いますが、あえ
　　　　　　　　　て企業はこの「辛かったことは何？」という質問を
　　　　　　　　　します。**一番辛かったことをどう乗り越えたのかを
　　　　　　　　　知ることで、あなたという人間のストレス耐性や、
　　　　　　　　　今後の将来性をはかり知ることができる重要な質問
　　　　　　　　　事項だからです。**

　"乗り越えた"という実績があるならば、あなたにとっ
て、それは間違いなくプラス（自己 PR に入れても OK
レベルの項目）になります。

中学または高校時代で一番辛かったことを、
あなたはどうやって乗り越えましたか？
それともまだ乗り越えられていませんか？
それはなぜですか？

＜将来の夢＞

　もしなければ、そのとき漠然と興味のあったことで結構です。

　「お金持ちになりたい」という願望的な表現もあれば、具体的に「宇宙飛行士」「医者」「保育士」など、就きたい仕事を書ける場合もあると思います。

　書き方はどちらでも結構ですが、**大切なことは、なぜそう思ったのかという動機です。**このときの夢が、今後の職業選択の基準や仕事観、志望動機にも少なからず影響を与えることもあるからです。

　余計なお世話かもしれませんが、将来、転職を考えたとき、"小さい頃の夢"がキーワードになることが、実は少なくありません。

　成長するにしたがって、よくも悪くも自分の実力を知るがゆえに、「教師になりたいという夢を持っていたけど、今の僕には無理！　絶対に叶うはずない……」と思うときがあるでしょう。

　「夢と現実は違う……」と夢をあきらめている大人は結構いるものだからです。

　でも本当にそうでしょうか？

　教師は無理と考え、あえて自分にできるだろう民間企業の仕事を選んだとしましょう。その仕事はそれなりに楽しいかもしれませんが、歳をとるにつれて、ふと、自分はこのままでいいのだろうかと思い、立ち止まることもあるかもしれません。

　そんなとき、「本当は自分は何になりたかったんだろうか？」と自分自身を見つめ、振り返るとき、ヒントになるのがこの"小さい頃の夢"である人が、世の中には少なからず存在します。

　転職をする年齢、または学んできたこと、資格の有無によって、教師そのものになることは叶わなくても、世の中には人を指導する分野の仕事はたくさんあります。定年退職後に日本語教師になり、外国人に日本語を教えることが天職だと、活き活きと仕事をしている方もたくさんいます。

　　　　　　大学を卒業し、正社員として働き始めたあとで転職をする際には、自分ができること＝自分の"売り"ばかりに目が行きがちです。
　その結果、万が一、その転職にも失敗した場合には、仕事選びが間違っていたはずです。自分にとって適職だと思っていたことが違うのは、実は、自分らしさを見失っていたからなのかもしれません。
　"小さい頃の夢"が、高校生になって変わってしまったのは、ただ自分の能力のなさに気がついたせいであきらめてしまっただけかもしれません。
　だから今からでも頑張れば、案外、その頃の夢に近づくことができることもあるのです。
　幼い頃の夢が、本当のなりたい自分像、気持ちであることもよくあるケースです。
　そういう意味で、この項目は、大学生の就職活動だけでなく、ぜひその後の自分を考えるときにも活用していただきたいと願っています。

　　小さい頃の夢をあきらめたとしたら、その理由は何ですか？
　　今も心に抱いている夢はありますか？

作業を終えた今、もやもやしている気持ちや、大事なことだけどどのように書けばよいかわからないことなどを、ここに記しておきましょう。あとで何らかのヒントになるはずです。

memo

大学生活〜現在の自分を「棚卸し」する

大学生活で自分はどのように変わったのか？

　さて、高校生までの自分の「棚卸し」が終わったところで、いよいよ大学生活を振り返ってみましょう。きっと小学校、中学校、高校時代とは比べものにならないくらいあなたは成長しているはずです。

　面接で、もっぱら「学生時代のことについて述べてください」と聞かれるときには、大体がこの大学生活のことを指します。小学校や中学校時代のことを話すのはピントがずれていると言わざるをえません。

　だからこそ、大学生の日々を1つずつ丁寧に思い出して整理していきましょう。

　　　高校生からどのように変わっていったのか、または変化がなかったのかどうかをしっかり考えながら、作業を進めてください。

　　　今回も考えすぎることなく、素直に自分を見つめ、次ページのワークシートに、どんどん書き出していきましょう。

　　　まず、各質問に対して、あなたが素直に考えた"結論"のみを書き出していってください。そのあとで、私が各項目に対しての説明をしますので、それを読んでから、"理由"の欄にあなたなりの考えを書き入れてください。
　　　結論は簡潔に書くことがポイントです。

大学生活〜現在の自分の「棚卸し」をしてみましょう。

	結論
なぜ今の大学を選んだか	
なぜ今の学部を選んだか	
目的を持って意識的に行っていることはあるか	
学生時代に力を入れたこと ① 学問的側面	
② 趣味・特技・資格的側面	
③サークル・アルバイト・ボランティア、その他の側面	
困難を乗り越えたエピソードはあるか	
言いたいことを正確に伝えられる自信はあるか	

理由（あなたの価値観）

それでは、各項目であなたが書いた結論から、理由を
探り、あなた自身の価値観を明らかにしていく具体的な
方法を説明します。

＜なぜ今の大学を選んだか＞

**「なぜ今の大学を選んだか」という問いは、実はあなたの今後
の"会社選び"にもリンクしてきます。**

　大学によっては、学生の答えの中に、「ブランドがあるから」
「有名だから」はたまた「親、先生の勧め」「就職に有利だから」
などという結論が挙げられます。

　そんな学生に対し、自分の大学名に何らかのコンプレックス
を持っている学生は「付属校だから」「指定校だったから」と
いう学生がいたり、中には「ここしか受からなかったから」と
いう結論すらあります。

　「ここしか受からなかったから」という結論は、事実で
あっても考え方としてはあまりにも消極的です。仮に、
面接官が「なぜ当社を志望するのですか?」と質問した
ときに、「御社以外、全部面接で落ちたからです」と答
えているのと同じです。これでは未来へのワクワクした
展望も主体性も何も見出せませんね?

　では「ブランドがあるから」「有名だから」という答
えならば、企業は認めてくれるのでしょうか。これも
ちょっと違うと思います。

　もちろん棚卸しの段階では、自分を素直に書き出すこ
とが重要なスタンスですので、そのままで結構です。

　しかし、自分が社会に最初に出る就職先を、こんな考えで選
び、面接官にそう答えたとしたら、これまた苦笑されても仕方
がありません。

　**あなたにとって、なぜブランドが大切なのか、有名であるこ
とが大切なのでしょうか?**

　ここは、自分の価値観にダイレクトに触れる部分ですから、
理由のところには、"大学を選んだ理由について、肯定的かつ
他人が納得できる表現で"しっかり言葉にしてください。

<なぜ今の学部を選んだか>

「得意科目だった」「好きな分野だから」などが多いと思います。**書いた内容が、小学生 → 中学生 → 高校生の得意科目の延長線上であれば、間違いなく、それはあなたの職業選びの適性につながります。**

たとえば、小学生から高校生まで、国語がずっと得意で文学部に進んだとしたなら、職業としては、数的処理が必要な仕事や、白黒をはっきりとつけなければならない仕事、感情などは考慮しない仕事などは選ばないほうが無難でしょう。

もちろんそんなに簡単に割り切れるものではありませんが、小学生から好きな科目を、大学でも専攻に選んだということは、あなたにとってできること＝向いていること＝"適性"に直結することだと考えていいはずです。

また人によっては、「経営者になりたいから」「技術者になりたいから」、あるいは「就職に有利だから」などもあるでしょう。将来の夢や漠然とした目標のために学部を選んだという人も、「なぜそれを選んだのか？」ということをじっくり考えてみましょう。

そして、大学での学問で得たものが、あなたの価値観をどのように変えたのか（まったく向いていなかったのか）など、自分が考える自分の"適性"について、理由の欄に書き入れていきましょう。

大学時代に何か1つでも
やり遂げたものがあるか？

大学生になっても勉強"だけ"を頑張っている人がいます。もちろん学生の本分は勉強ですから、責めるべきことではありません。

しかし企業は、高校生とは違い、半分大人で、自由な大学生活だからこそ、いろいろな意味で有意義に過ごした学生に興味があります。

主体性を持ち、好奇心や向上心にあふれた学生であれば、好印象を持たれるはずです。

＜目的を持って
意識的に行っていることはあるか＞

　大きなトピックである必要はありません。身近なテーマ、たとえば、「1日1万歩を目標にした」などでも構いません。何かしら見つけておきましょう。

　何もないより、あったほうがいいからです。**あなたのオリジナリティがそこからきっと見えてくるはずです。**

　なぜそれを行っているのかという理由とともに、そこから"あなたらしさ"を表現する言葉が見つかれば、書き添えておきましょう。

＜学生時代に力を入れたこと（学チカ）＞

　ときどき「特になし」という学生がいます。もちろん素直に書き出すためのシートですから、それでも構いません。

　しかし、本当に何もなかったのでしょうか？

　仮に、「この大学しか受からなかったから」という理由で、今の大学生活を始めたあなたが、本当に大学時代に力を入れたことが何もないならば、これまでの3年間を、もしかしたら無駄に過ごしてきたことになるのかもしれません。

　　　　　この辺りは、面接でしっかり問われる部分です。
　適当にごまかすのではなく、誤解されないように、①②③の各項目について、その理由と自分の考えをしっかりとまとめておきましょう。

①学問的側面

　サークルやアルバイトなどに没頭しすぎて、勉強を頑張らなかった人もいると思います。自己分析上は真っ正直で結構ですが、仮に面接でそう答えた学生を、企業はこんなふうに感じると思います。

　「ハハーン、この学生は、仕事よりもアフターファイブで頑張るタイプだな」

　こんな評価をもらったとしたら、採用はちょっと厳しいでしょう。

学生の本分は、しつこいようですが、やはり勉強。ごまかすのはよくありませんので、これから、少し勉強に身を入れて、偽りではない回答ができるよう頑張ってください。
　理由には、"どのように勉強を進めてきたか"などの具体的なエピソードを書いておきましょう。

②趣味・特技・資格的側面

　まず趣味・特技について。これらはエントリーシートはもちろんのこと、履歴書や面接でも問われる質問です。趣味は、前回の自己分析ワーク2でも述べたように、あなたの価値観が見えやすい部分でもあります。

　　　小学生から同じような趣味を持っていたならば、これもまたあなたの仕事観や適性、職業選択のヒントになるはずです。

　　　次に資格。「普通運転免許」だけではちょっと残念です。
　　　資格マニアになる必要はありません。しかし、大学時代にサークルやアルバイトという学問以外の活動に加え、資格取得の勉強までやりとげ、かつ取得した資格を履歴書に書けるならば、あなたにとって非常に大きな強みになるはずです。

　特に、その有している資格が、あなたが選んだ企業や職種に直結するものならなおさらです。書類選考時から、「この学生は即戦力になるかも！」と思われ、プラスの効果をもたらす場合もあるからです。
「資格の1つぐらい取っておけばよかった」と今さらながら思うでしょう。または「トライしたけれど、不合格だった……」と残念がる方もいるかもしれません。

　　　しかし嘆かなくても大丈夫です。ここにはちょっとした裏ワザがあるからです。
　　　たとえば、秘書検定1級を目指し頑張っていた学生が、6月の試験で不合格になった場合。資格欄に「なし」と書く必要はありません。

「秘書検定1級（ ○○○○年 ○月 受験予定 ）」

と書きましょう。

社会人の転職の場合には、この書き方は知恵として広く活用されています。モノは言い様ではなく、書き様ですね。

だからといって、取るつもりもない資格を書くのは絶対にダメです。それではすべてが台無しになってしまいます。なぜなら、面接を受けるときには、その結果が出ているかもしれませんし、結果には関係なく面接官から問われる可能性があるからです。

もしも嬉しい結果が出た場合には、自分のほうから人事に対して、先に提出した書類に訂正をお願いするなど、真面目に取り組んだ証を企業に自分から伝えることが大切です。

さらに、なぜその資格を取ろうと頑張っているのか、理由を書き込んでください。

③ サークル・アルバイト・ボランティア、その他の側面

学生時代、ほとんどの学生がアルバイトをしているようですが、ときには何もしたことがないという方もいらっしゃいます。

もちろん人それぞれですが、これもまた、企業はアルバイト経験を社会経験とみなし、何もしないよりも、アルバイト経験ぐらいはあったほうがよいと考えています。

友達や先輩・後輩だけの狭い世界でのコミュニケーションよりも、アルバイトやボランティアを通した実社会でのコミュニケーション経験があるほうが、就職活動中も自分のために大変有利になります。

ただし、これから慌ててアルバイトを探そうとする人に、1つだけ気をつけてほしいことがあります。自分自身の性格が内気、消極的、人見知りなどという自覚がある人は、「開店前の商品の品出し」というアルバイトは選ばないほうがベターです。

その仕事そのものが悪いのではなく、ほとんど人と会話をすることのない仕事だからです。企業が求める人物像として、コミュニケーション能力が求められる以上、人との関わりが少ないアルバイトの場合には、その学生の適性をネガティブに想像される懸念があるからです。

今からアルバイトを始めるのはちょっと時間的に無理という人は、短期のボランティアでもＯＫです。社会に出る一歩手前の段階で、なんとか社会との接点を作っておきましょう。

理由のところには、"そのアルバイトをした期間（長い場合はなお可）"や、"得られたこと"などを積極的に書いてください。エントリーシートや面接で自分自身をアピールするエピソードとして使える大事な部分です。

壁を乗り越えた経験で、
その人の人間性がわかる

あなたは自分に自信を持っていますか？ 次の２つの質問は、人によっては難しいものかもしれません。

これまでのあなたの人生の「棚卸し」の最後の質問です。

＜困難を乗り越えたエピソードはあるか＞

中学校や高校時代よりも、いろいろな経験をして人生の幅を広げられる大学時代だからこそ、今までに直面したことのない大きな壁にぶち当たったこともあるはずです。困難を乗り越えた経験のある人は強いですし、その人の自信にもつながります。

これは企業にとって、あなたの人間性を知るための重要な質問です。あなたにとって思い出したくもない困難こそ、それに打ち勝ったという結果がある場合、企業はあなたを高く評価してくれるはずです。

どんなことでも構いません。しっかりと思い出し、理由のところには"大学◯年生のときに、何があって、それをどう乗り越え、今現在の自分がどんなふうに成長したのか"まで、言葉にしておきましょう。

<＜言いたいことを正確に伝えられる自信はあるか＞

　ここまでの作業を素直に書いた結果、自分には何もない、何もできない……と自己嫌悪に陥る必要はありません。

　今、あなたはそのことに気がついたのですから、これからコミュニケーション能力を高める努力と、何かにチャレンジすることを始めればいいのです。

　過去のことは変えることはできませんが、**今日そして明日からの新しい未来**は、自分の意志と行動で、より良く変えることができるはずです。

　その意味でも、理由のところには、"今の自分に欠けているもの"をしっかりと書き出すことが大切です。

　さあ、いかがでしたか？　すべて書き終えたら、前回の小学生から高校生までのつながりを自分でチェックしてみましょう。

　　小さい頃から何も変わらず、まっすぐ順調に成長した人もいれば、小さい頃は明るくて積極的だったのに、高校生になってから友人関係などの影響で、暗く消極的に変わってしまった人もいるでしょう。

　　しかしそんなあなたでも、大学生という今現在、それまでの暗さがなくなって、もう一度明るくなり、消極的だった自分が積極的に変わっている場合もあるはずです。

　まさに大学生活とは、高校生までとは比較にならないくらい、大きなコミュニティの中にいるということなのです。

　そして、その延長線上にあるのが就職先——。

　ここまでの時点で、あなたの価値観は少し見えてきましたか？

4 日目

自分の性格について考える

簡単なようですごく難しい "性格" についての質問

面接で、よく問われる質問があります。

「あなたはどんな性格ですか？」
「長所は何ですか？ 短所は何ですか？」

あなたはすぐに答えることができるでしょうか？

この質問は、簡単なようで、実は難しいと私は考えています。
なぜならば、短所はスラスラ出てくるけれど、長所をすぐに答えられない学生が少なからずいるからです。

なぜ、長所がすぐに出てこないのでしょうか？
おそらくこれも2日目、3日目の作業と同様に、幼い頃にはご両親や先生から褒められた長所が、成長とともに周囲にもまれ、いつしか長所ではないと感じてしまい、そのうちに「長所なんてまったくない、自分はダメな人間なんだ！」と落ち込んだりすることがあるからだと思います。
誰しも一度くらい、こんな自己嫌悪状態に陥ったことがあるはずです。

残念ながら就職活動では、「長所がない」という答えは好ましいものではありません。

「本当に、長所がなくて短所しかないなら、積極的に採用したくないなあ」

　これが企業の本音だからです。「面接とは自己PRをすべきところ」と認識した上でのあなたの回答ですから、ネガティブに捉えられても仕方がありません。だからよく考えてみましょう。本当に長所はありませんか？　ちゃんと考えれば誰にだって1つくらいはあるはずです。

　しかし、実はこれがとても難しいのです。長所・短所ほど、主観的な見方だけでは足りないからです。説得力に欠けてしまっては、自己PRにはなりえません。
　一体何が難しいのでしょうか？
　今回のワークを書き込んだあとで解説をしましょう。

自分自身が考えるあなたの長所と短所

　まず書き始める箇所は、次ページの自己分析ワーク4の一番左、自分自身が考える長所と短所です。あなた自身で書き込んでいきましょう。

　書き方の順番は、最も長所だと思うことを①に、次の長所を②に、その次の長所を③に書いてください。理由のところは、①の理由だけで結構です。

　同じように、短所についても最も短所と思われることを①に、次なる短所は②に、その次の短所は③に書き、理由については①のみをお願いします。

　あまり考えすぎてはいけません。書きながら、自分自身で、「こんな短所はひどいよね！」などと思いつつ、書き直したり手加減したりしないよう注意してください。**あくまであなた自身の主観的な観点から、素直に正直に書くことが大切です。**

　さて、ここからがポイントです。
　次に、あなたが書いた長所と短所を見せないで、あなたの長所３つと短所３つを、まずご家族に聞いて、書いてみて（または書いてもらって）ください。
　さらには、家族以外の第三者に聞いて、同じように書き込んでいきましょう。

　　　　なぜ家族の意見だけに留まらず、家族以外の第三者の意見まで聞くかというと、大学生くらいの年齢になると、家族よりも友達や恋人、またはアルバイト先やサークル・部活仲間に対して、あなたらしさを素直に出せたり、見せたりしていることもあるだろうからです。
　　　　さらに言えば、家族はあなたの短所について、場合によっては加減をして答えることがあるかもしれません。

　たとえば、あなたに「すぐ落ち込む」という短所があって、それが悩みの種と考えているあなたのお母様。そんなお母様があなたに対し、「あんたはすぐ落ち込むのがどうしようもない短所よ」とダイレクトに言えるでしょうか？　あなたが就職活動の前に立ち直れないくらいもっと落ち込むかも、と想像されるでしょう。
　だから言葉を濁して、「そ、そうねえ、ちょっとあなたには"考えすぎる"ところがあるかしら」とおっしゃるかもしれません。

すぐに落ち込む ≠ ちょっと考えすぎる

　この２つは、まったくレベルが違います。

　あなたのことを愛しているからこそ、言葉を濁したり、ときに盲目状態になっても仕方のないご両親や恋人の答えには、場合によっては疑ってかかることも必要です。したがって、家族以外の第三者の人選に、恋人は入れないことをお勧めします。

4
日目

あなたの長所と短所は何ですか？

自分自身が考える長所と短所	check
長所 ① 　　　② 　　　③ （そう思う理由）　＿＿＿＿＿＿＿＿＿＿＿＿＿＿＿＿＿＿＿＿＿＿＿ 　　　　　　　　　　＿＿＿＿＿＿＿＿＿＿＿＿＿＿＿＿＿＿＿＿＿＿＿ 　　　　　　　　　　＿＿＿＿＿＿＿＿＿＿＿＿＿＿＿＿＿＿＿＿＿＿＿	
短所 ① 　　　② 　　　③ （そう思う理由）　＿＿＿＿＿＿＿＿＿＿＿＿＿＿＿＿＿＿＿＿＿＿＿ 　　　　　　　　　　＿＿＿＿＿＿＿＿＿＿＿＿＿＿＿＿＿＿＿＿＿＿＿ 　　　　　　　　　　＿＿＿＿＿＿＿＿＿＿＿＿＿＿＿＿＿＿＿＿＿＿＿	

家族、また第三者から聞いた、あなたの長所と短所は何ですか？

家族が考えるあなたの長所と短所	check	第三者が考えるあなたの長所と短所

長所 ①

　　　②

　　　③

（そう思う理由）

＿＿＿＿＿＿＿＿＿＿＿＿＿＿＿＿＿

＿＿＿＿＿＿＿＿＿＿＿＿＿＿＿＿＿

＿＿＿＿＿＿＿＿＿＿＿＿＿＿＿＿＿

短所 ①

　　　②

　　　③

（そう思う理由）

＿＿＿＿＿＿＿＿＿＿＿＿＿＿＿＿＿

＿＿＿＿＿＿＿＿＿＿＿＿＿＿＿＿＿

＿＿＿＿＿＿＿＿＿＿＿＿＿＿＿＿＿

長所 ①

　　　②

　　　③

（そう思う理由）

＿＿＿＿＿＿＿＿＿＿＿＿＿＿＿＿＿

＿＿＿＿＿＿＿＿＿＿＿＿＿＿＿＿＿

＿＿＿＿＿＿＿＿＿＿＿＿＿＿＿＿＿

短所 ①

　　　②

　　　③

（そう思う理由）

＿＿＿＿＿＿＿＿＿＿＿＿＿＿＿＿＿

＿＿＿＿＿＿＿＿＿＿＿＿＿＿＿＿＿

＿＿＿＿＿＿＿＿＿＿＿＿＿＿＿＿＿

さあ、それでは、自分が考える長所・短所と、ご家族ならびにご家族以外の第三者が考えるあなたの長所・短所とを、１つずつ比べてみましょう。

　結果はいかがでしたか？　あなたが書いた長所と短所とは一致したでしょうか。それとも一致しなかったでしょうか。

　**イコールであれば＝の印を、イコールでないのならば≠を
チェック欄につけていきましょう。**

　その結果、長所と短所について、あなた自身が書けること、話せることの仕分けができるようになります。

　――まずは長所です。

　あなたが考える長所と、家族が考える長所、そして家族以外の第三者が考える長所が、**ほぼ同じであることだけ**を、エントリーシートに書き、面接で話すことをお勧めします。

　――次に短所は、前者の反対を書いていただきたいのです。

　つまり、あなたが考える短所が、家族や第三者の考える短所**と最も違っていることだけ**を、エントリーシートに書き、面接で話すようにしましょう。

　なぜだかわかりますか？

　実は、面接官にとって、長所と短所が、あなたという人間性を知る上で、重要な"カギ"となるからです。

　たとえば長所についてですが、「私の長所は、明るくて積極的なところです」と答えたとしましょう。それが、家族や第三者の考える長所と違うあなただけの答えだったとします（家族と第三者はあなたの短所が暗いと考えている場合）。

その場合に、もし面接官から見ても、明るく見えない（暗くて消極的に見える）と思われてしまったとき、あなたの長所についてのみならず、その面接の中であなたが答えるすべての話の信憑性_{しんぴょう}が欠けてしまう恐れがあります。

　そう見られてしまうあなたが、志望動機を誰よりも完璧に答えたとしても、説得力に欠けてしまいます。 あなた自身が、自分自身の長所すら客観的にわかっていないのですから、志望動機についても、
「フーン、なかなかもっともらしいことを言ってるけど、それも君の勘違いじゃないの？」
と面接官に疑われることすらあります。

　だからこそ、長所と短所だけは、自分自身が主観的に考える自分像だけで自己分析を終えるのではなく、家族や家族以外の第三者にも確認する客観的な"他己分析"の必要があるのです。

　使う単語そのものは同じでなくても構いません。
　家族や第三者が答えてくれた内容と趣旨が同じであれば、イコール（＝）と考えて問題ないと思います。

短所もこの方法でアピールできる！

では、短所はどう表現すればいいのでしょうか？

たとえば、あなたが「短所は消極的なところです」と答えたとします。

あなた自身が考えた答えですから、面接官から見ても、「確かに、そう見える。こんな学生を採用したら、総合職の仕事のみならず一般職だってメンタル面ですぐに落ち込むタイプだろうな……」と連想されてしまうでしょう。

こんなときには、あなた自身は第一の短所が「消極的」と書いたとしても、家族や第三者の答えの中に「おっちょこちょい」とか「面倒くさがりや」という短所があったなら、**あなた自身が書いたものと照らし合わせて、最もあなたの答えと違うものを選ぶことをお勧めします。**

その場合、面接官はこう見てくれるかもしれません。「面倒くさがりやとは言うけれど、決してそうは見えないなあ、むしろ几帳面なタイプの学生に見えるけど……」と。

「消極的」ということは、よく言えば自分のことを真剣に考えすぎ、謙虚すぎるということだと思います。言い換えれば、几帳面、ひいては**真面目**ということのはずです。

こんな展開なら、決してマイナスポイントにはならないと思います。

> この方法で言い換えられる
> あなたの"短所"をまとめてみましょう。

勘違いしてほしくないのは、選ばれる学生になる
ために、長所と短所について嘘をつきましょうとい
うことではありません。

　**あなたとあなたのご家族、第三者の３つの視点を
比較することによって、１つくらいはこのような客
観的な観点から選び出せる項目が出てくるはずです。**

　いずれも実際に書き出された答えの中でやりくり
をしているのですから、自分の答えではなく家族の
答えを選んだとしても、決して嘘をついていること
にはなりません。

　嘘をつくのではなく、ここは知恵で解決しようと
割り切ることも大切なのです。

企業が求める人物像、社会人基礎力とは？

　学生一人ひとりの性格は十人十色ですが、企業が求める人物
像には、それなりに共通点があるように思います。

　**面接の意義そのものが、企業と学生の相性の良し悪しを判断
する、いわば"お見合いの場"と言えるからです。**

　仮に、学生は「積極的」が売りであると主張しても、それが
企業が求める人物像ではない場合に、その学生の能力をその企
業で存分に発揮することは難しいと思われます。

　そんなところから、いつしか「コンピテンシー採用」
という形態が企業の中に生まれました。

　各企業で活躍しているコアな人物から抽出した"特
性"を、新しく採用する学生にも求めたケースです。

　社会は人と人のつながり、いわば対人関係で成り立っていま
す。社会人であるためには、そのための能力が必要です。

　経済産業省が名づけた「社会人基礎力」をご存じでしょうか？
就活生に対して、各企業が判断するコンピテンシー以外にも、
共通して求める能力がより明確になりました。

言い換えれば、これらの能力を学生が身につけている
ならば、社会人になる心構えができている人物とみなさ
れるということです。

ここで、社会人基礎力について確認をしておきます。

「社会人基礎力」とは、

1. 前に踏み出す力
2. 考え抜く力
3. チームで働く力

の3つの能力と、12 の能力要素から構成されています。

「職場や地域社会で多様な人々と仕事をしていくた
めに必要な基礎的な力」として経済産業省が 2006
年から提唱しているものです。

さらに 2017 年には人生 100 年時代ならではの
切り口・視点を足して「人生 100 年時代の社会人
基礎力」と新たに定義されました。**社会人基礎力
の3つの能力 /12 の能力要素を内容としつつ**、能力
を発揮するにあたって自己を認識してリフレクショ
ン（振り返り）しながら、目的、学び、統合のバラ
ンスを図ることが**自らのキャリアを切り開いていく
上で必要**であると位置づけられています。ご自身の
ずっと先のことまで興味がある方は経済産業省の
「人生 100 年時代に求められるスキル」を検索して
みてください。

前に踏み出す力
（Action）
1
＝一歩前に踏み出し、
失敗しても
粘り強く取り組む力

□ ① **主体性**……… 物事に進んで取り組む力
□ ② **働きかけ力**… 他人に働きかけ巻き込む力
□ ③ **実行力**……… 目的を設定し確実に行動する力
指示待ちにならず、一人称で物事を捉え、自ら行動が
できるようになることが求められている。

□ ④ **課題発見力**… 現状を分析し目的や課題を
　　　　　　　　　　明らかにする力
□ ⑤ **計画力**……… 課題の解決に向けたプロセスを
　　　　　　　　　　明らかにし準備する力
□ ⑥ **創造力**……… 新しい価値を生み出す力
論理的に答えを出すこと以上に、自ら課題提起し、
解決のためのシナリオを描く、自律的な思考力が求
められている。

考え抜く力
（Thinking）
2
＝疑問を持ち、
考え抜く力

チームで働く力
（Teamwork）
3
＝多様な人々とともに、
目標に向けて協力する力

□ ⑦ **発信力**………自分の意見をわかりやすく伝える力
□ ⑧ **傾聴力**………相手の意見を丁寧に聴く力
□ ⑨ **柔軟性**………意見の違いや立場の違いを理解する力
□ ⑩ **情況把握力**…自分と周囲の人々や物事との
　　　　　　　　　　関係性を理解する力
□ ⑪ **規律性**………社会のルールや人との約束を守る力
□ ⑫ **ストレス**　……ストレスの発生源に対応する力
　　　コントロール力
グループ内の協調性だけに留まらず、多様な人々との繋
がりや協働を生み出す力が求められている。

　いかがでしょうか。これら３つの能力と12の能
力要素がいくつぐらい今のあなたに当てはまるか、
チェックしてみてください。

ここでもう 1 つ見てほしいものがあります。

Society 5.0、「デジタル技術を活用しながら、多様な人々の想像力や創造力を融合して、様々な社会課題を解決し、価値を創造していく社会」への移行が既に始まっています。そんな中、企業は新たにどのような人材を求めているのでしょうか。

企業はどんな資質・能力を求めているのか？

ポイント

●企業は、イノベーションの創出を目指して、多様な人材を必要としている
●働き手には、自ら課題を発見し解決していく能力や、自主的に学び続ける力を求めるとともに、自主的なキャリア形成を期待する傾向が高まっている

Society 5.0 で求められる能力と資質

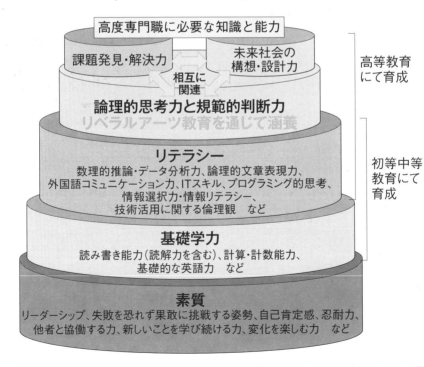

（2023 年 3 月 採用と大学教育の未来に関する産学協議会「何が変わるの？ これからのインターンシップ」より）

1つでもあなたに該当するところがありましたか？　もし全く
なければ、ため息が出ますよね……。でもどうしてこのように
求められる能力を明確化しているかわかりますか？
　**それは現在のビジネス環境が、" 常に新しい価値の創造を求
められている " からです。**
　そのためにも、まずは各企業や各職場で求める能力をあらか
じめ明確にし、それに対応することができる人材を採用し、そ
の上で、社員教育や本人の自己研鑽により、もっと対応できる
能力を育成したいと考えているからです。

　経団連が 2022 年 1 月 18 日付けで発表している「採用と大学改革への期待に関
するアンケート結果」を見てみましょう。

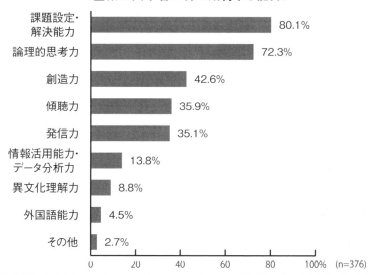

<企業が大卒者に特に期待する能力>

課題設定・解決能力　80.1%
論理的思考力　72.3%
創造力　42.6%
傾聴力　35.9%
発信力　35.1%
情報活用能力・データ分析力　13.8%
異文化理解力　8.8%
外国語能力　4.5%
その他　2.7%

0　20　40　60　80　100%　(n=376)

（2023 年 3 月　採用と大学教育の未来に関する産学協議会「何が変わるの？　これからのインターンシップ」より）

　**だからこそ、求職する学生側は、自分の売りをしっかり
知り、自覚する必要があるのです。**

　さあ、ここまでの作業で見つけたあなたの性格を、まずはベー
スとなる「社会人基礎力」に当てはめて考えていきましょう。
　そうすることで、漠然とした自分探しではなく、**社会で認め
られる自分**という具体的なイメージが明らかになるはずです。

先ほどのワークでわかったあなたの長所は、次の12 の性格のどれに当てはまるでしょうか。長所のチェックボックスに印をしながら、自分がどんな能力・適性を持っているのかを考えてみましょう。

□ 物事に自発的に取り組むことができる
□ 向上心がある
□ 好奇心がある
    ↓
・試行錯誤しつつも、
 粘り強く問題解決に取り組む力がある
・様々なことに対し積極的に取り組む意欲がある
・アルバイトなどで何かを求められたとき、
 それ以上の結果を出すことができる、など

「主体性」に
匹敵する性格
1

「働きかけ力」に
匹敵する性格
2

□ 他人を上手に巻き込むことができる
□ リーダーシップがある
    ↓
・他人と力を合わせることが好き
・状況を見極め、友人や先輩を上手に巻き込む力が
 ＝相手が納得するよう説明する力がある
・必要を感じたら、先輩やアルバイト先の上司に、
 提案することができる力がある、など

「実行力」に
匹敵する性格

☐ 行動力がある
☐ 決断力がある
↓
・目標達成のためには、最後まであきらめず
　粘り強く取り組むことができる
・失敗を恐れず、目標達成のために一歩を踏み出す
　勇気がある
・困難なことに対して、継続して行動することができる
・アルバイト先で、指示待ちではなく、
　自ら課題を発見して行動することができる、など

「課題発見力」に
匹敵する性格

☐ 客観的に物事を判断することができる
☐ 何が問題かを常に考えて行動することができる
↓
・ニーズをくみとることができる
・何かを決めるとき、多方面から考える力がある
・問題を指摘されたら、その原因まで考える
・目標達成のために、今の自分が何をやるべきかを考える、など

「計画力」に
匹敵する性格

☐ 几帳面さがある
☐ 物事を整理できるまめさがある
☐ 物事には優先順位をつけて行動する
↓
・問題解決に向けたプロセスをまず考えてから行動する
・友人と旅行をするとき、旅行会社に頼らず自分でプランを練るのが好き
・レポート提出などの期限を守り、早めの準備を常に心がけている
・現状を把握し、計画とのズレなどを検討・修正していく力がある、など

□ 発想力がある
□ 企画力がある
↓

・様々なアイデアを出し、
　柔軟に組み合わせることができる
・常識にとらわれず、斬新な発想をすることができる
・物事を改善していくために、
　常に問題意識を持っている
・マニュアルにとらわれず、自分自身の工夫や
　自由な発想で物事を進めることができる、など

「創造力」に
匹敵する性格

「発信力」に
匹敵する性格

□ 表現力がある
□ コミュニケーション能力がある
↓

・わかりやすく、的確に相手に伝える（書く）ことができる
・アルバイトでは、報告・連絡・相談（＝ホウレンソウ）を心がけている
・アルバイトで、クレームがあれば、速やかに店長に報告することを心がけている
・理屈や感情で相手を責めることはせず、
　自分の言いたいことをきちんと相手に伝えることができる、など

「傾聴力」に匹敵する性格

☐ 人の意見を正しく聴く力がある
☐ 面倒見がよい
↓

・聞き役に徹するのが好き
・適宜、相づちをうちながら人の話を聞くことができる
・相手の話をさえぎらないで、最後まで聞くことができる
・相手の意見を先入観にとらわれることなく
　素直に聞くことができる
・相手の言うことを頭から否定せず、
　肯定的に受け止めることができる
・共感できない話であったとしても、最後まで話を聞き、
　相手を理解しようとする努力をすることができる、など

「柔軟性」に匹敵する性格

☐ 謙虚さがある
☐ 頑固ではない
☐ 素直である
↓

・自分の考えだけを主張するのではなく、
　相手がなぜそう考えるのか、客観的に考えることができる
・相手の立場にたって物を考えることができる
・自分の意見だけに固執することなく、
　他人の意見や批判などにも耳を傾けることができる
・他人の意見は、素直に取り入れることができる
・チーム・部活としてより良い方向に進むためには、
　軌道修正をすることをためらわない、など

□ 協調性がある
□ 相手のニーズをくみとり柔軟に対応できる
↓
・優先順位をしっかり理解している
・自分が果たすべき役割をしっかり理解し、
　合理的に物事を進めるために人に任せるべきこと
　などの判断が的確にできる
・アルバイトなどでクレームが生じたとき、
　あわてることなくまずその原因を探る
・自分だけの判断だけでなく、他人の意見をも聞き、
　客観的な状況判断を心がけている

・アルバイトで、周囲の状況を把握し、全員が
　働きやすい環境を工夫することができる、など

□ 常識がある
□ 堅実である
□ 誠実である
□ マナーがある
↓
・最低限のビジネスマナーやルールを心得ている
・約束や時間は必ず守る
・約束の時間に遅れそうになったときには、事前に必ず連絡を入れる
・アルバイトやサークルなどでの、自分の位置（序列など）をしっかり理解し、
　上司や先輩への言葉遣いや態度を使い分けることができる
・場面に応じて粗相のないようにきちんと振る舞うことができる
・正しい敬語をそのときの状況に合わせて使い分けることができる
・公私混同はしない、など

12 「ストレスコントロール力」に匹敵する性格

☐ **忍耐力がある**
☐ **根性がある**
☐ **ストレスを上手に減らすことができる**
↓

・ストレスが大きくならないうちに、ストレスを緩和することができる
・自分の力で取り除くことが難しければ、心を許せる友人や家族に相談することができる
・ストレスを忘れる趣味などがあり、気分転換を上手に図ることができる
・嫌なことをいつまでも引きずらず、気持ちの上でオンとオフの切り替えがしっかりできる
・ストレスを感じるときには、後ろ向きになるのではなく "自分が成長するチャンス" と
　前向きにとらえることができる
・無理なときは、" それはできない " と言える勇気がある、など

　あなたの長所を、家族そして第三者の目から照らし合わせた結果、いずれのどれに当たるかを見つけておけば、「社会人基礎力」にのっとった適切な言葉で表現することができます。そうすれば今後、エントリーシートに書きやすくなりますし、面接でも説得力が出てくるでしょう。

明らかなウソは面接を不利にするだけ

　さて、これらは 12 項目しかありませんから、当然、ライバルと似たような長所が多々出てくると思います。それでも心配する必要はありません。
　なぜならば、あなた自身を表現できる的確なエピソードを用いて証明することができればよいからです。

　12 の性格のうち、主体性や働きかけ力などと自分自身を比べたとき、どうしても自分は明るくない、積極的ではないと思ってしまう人が少なからずいらっしゃるはずです。でも大丈夫です。あなたの意識を変えてみませんか？

　厚生労働省が 2001 年に発表した「エンプロイアビリティの判断基準等に関する調査研究報告書」が参考になります。
　このエンプロイアビリティという言葉は employ と ability をくっつけた造語で、意味としては**「（組織から）雇われうる能力」**と考えてください。これによると、性格は 3 段目で面接官からは見えない部分、そして態度や協調性は面接官から目で見える部分です。つまり**アルバイトや日々の学生生活の中で、笑顔で話すことや対人関係能力を意識的に高めていくことで、解決できることではないでしょうか。**
　自己分析をして自分の弱点をわかっていれば、足りない部分を自分が志望する企業のエンプロイアビリティを意識して補っていくことができます。

＜エンプロイアビリティの三要素＞

見える部分

知識・技能　◀　· ·
その仕事に必要なもの

思考・行動特性　◀　· ·
その仕事に必要な思考特性や
行動特性（態度・協調性など）

見えない部分

動機・人柄・性格・
信念・価値観など　◀　· · · · · · · · ·
個人が潜在的に有している
パーソナリティ

出典：厚生労働省「エンプロイアビリティの判断基準等に関する調査研究報告書について」の資料を一部改変

5 日目

自分の価値観について考える

自分が最も大切にしてきた価値観とは何か？

　さあ、ここでは前回までに書き込んできたことをもとに、小学生時代から現在に至るまでの自分を振り返り、「そのとき自分が一番大切にしていた価値観」を抜き出して、総合的に考えてみましょう。

　今回のワークに取り組む前に、少し説明をしたいと思います。

　まず、それぞれの枠の中に、価値観を書き入れていきます。

（書き方例として）
ここでは価値観を単語で表していきます。難しい場合は、下記のように、エピソードから価値観を探ってみましょう。

> 価値観を表すキーワードとして──チャレンジ、自由、自立、情熱、達成、友情、平和、愛、信頼、自分本位、孤独、感動、自然、創造、個性、安定、余暇、正義、賞賛、名誉、責任感、冒険、誠実、協調性、堅実、承認、貢献、影響力 etc…

（例）ボランティアで外国人観光客の案内・通訳をするようになり、アメリカやアジアの国々を旅することで、海外で活躍するグローバルな人間になりたいと考えるようになる。

大学
好奇心、友好

テニス部に入部したがチームメイトに馴染めず孤独感を味わった。アメリカでのホームステイが貴重な体験になり、大好きな英語の勉強に没頭した。

高校
孤独、チャレンジ

中学校
友情、協調性

テニス部で多くの友人ができ、練習に明け暮れた。ペアマッチでは校内で1位になることに燃えていた。

小学校
達成、自分本位

サッカー部。"自分だけ"がシュートを決めたいと考えていた。

89

大切なのは " 自分が心地よかった時代 "

このとき注意していただきたいことがあります。

たとえば、小学生時代の価値観が「サッカー」、中学校が「バスケットボール」、高校では「野球」という書き方をする人がいます。いうならば、スポーツ大好き少年で、" サッカー一筋 "、" バスケットボール一筋 "、" 野球命 " というタイプの考え方です。

しかし、このような書き方では大学卒業後の将来の仕事がスポーツ選手でない限り、せっかくここまでやってきた地道な作業を活かすことができなくなります。

そこで、下記のような書き方の工夫をしてください。

小学校	サッカー	→	" 自分が " シュートを決める	→	自分が一番＝自分本位
中学校	バスケットボール	→	〃	→	自分が一番＝自分本位
高校	野球		ホームランを自分が打つより " 次につなぐこと " が大切	→	協調性

" サッカー " という単語ではなく、内容を上記のように表現できれば、小学校・中学校時代は、どちらかといえば「自分本位」、自分が主役でありたいという価値観が見えてきます。

そんなあなたが、高校生になっても価値観が同じなら、野球部でもホームランを打つことだけにこだわったでしょう。

しかし、このケースでは、自分がホームランを打つことではなく、野球は自分だけが主役ではなく、全員で頑張ることが大切だと気がついたあなたは、チームワークの重要性がわかったということです。つまり、「協調性」が芽生えてきたと言えます。

その後の大学生活では、いかがでしょうか。高校時代の価値観は、変わらずまっすぐに伸びていますか。それとももう一度、自分本位の価値観に戻っているのでしょうか。

　どちらが良い悪いということではありません。この価値観は、あなたがこれからの仕事を選んでいく上で、非常に重要な判断基準になるのです。

　協調性がさらに大学生活で伸びたならば、あなたが大学を卒業後、選ぶ仕事は、自分本位で活動する職種ではなく、協調性をより発揮できる仕事であるほうが向いているかもしれません。

　仮に、大学までのそれぞれの価値観が、いずれにも共通しないバラバラのものであったとしたら、"**いつの時代があなたにとって一番心地よかったか**"をよく考えてみましょう。
　いくつもの経験を経て、知らず知らずのうちに本来持っていたあなたの価値観が、周囲からの影響を受けて変わらざるを得なかったとしたら、あなたには不本意であったとしても、そのときその瞬間、いろいろな価値観を体感し、見てきたことになります。

　つまりあなたは、嬉しかったことや辛かった経験を通して、努力や工夫をしながら成長してきたということです。
　すべての価値観が違うこのようなケースでも、それぞれをしっかりと振り返ることで、いつの自分が一番自分らしくて、心地よかったのかがわかれば、それを大学卒業後の自分の将来像に結びつけることもありですよね。

　だからこそ、それが、あなたがこれからをどう生きていきたいかを考えるヒントになるのです。
　それでは、さっそくワークに取り組んでみましょう。小学校から順にトライしてください。

各時代で、あなたが一番大切にしていた価値観は何ですか？
最後に、ピラミッドの頂点にもっていきたい価値観を書き入れてください。

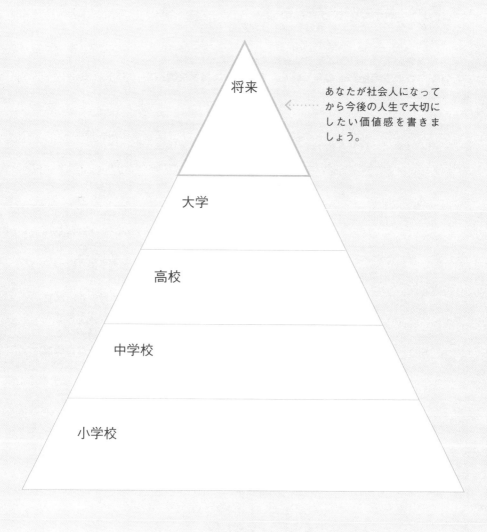

将来

あなたが社会人になって
から今後の人生で大切に
したい価値感を書きま
しょう。

大学

高校

中学校

小学校

(1) 小学生時代から現在までで、"自分を変えた"大きな出来事は何ですか？

(2) 現在の社会情勢（国内外の出来事〜身近なことまで）に対して、
　　一番興味や関心のあること何ですか？

(3) あなたにとって人生の価値（充実感・やりがいを感じるとき）は何ですか？

(4) あなたにとって辛いこと、決して"やりたくない"ことは何ですか？

価値観について言葉でまとめてみよう

　ワーク5の右ページの部分について少し補足します。それぞれの項目についてしっかり考え、それを文章にしていきましょう。

1　小学生時代から現在までで、
　　自分を変えた大きな出来事は何ですか？

⇒「ありすぎて書ききれない」という答えは、手抜きです。
　先に書いた価値観のピラミッドをじっくり見て、変化したとき、いえ変化せざるをえなかったとき、そのときあなたに何があったのかをしっかり思い出し、文章にしてみてください。

2　現在の社会情勢
　　（国内外の出来事〜身近なことまで）に対して、
　　一番興味や関心のあることは何ですか？

⇒ 今朝、同じニュースを友人や家族と見たとしましょう。あなたが興味を持ったトピックに、全員が同じように興味関心を引くでしょうか。いいえ、必ずしもそうではないと思います。人によって興味関心の持ち方が違うからです。
　だからこそ、今あなたが最も関心のあるニュースや出来事からも、人とは違うあなたの価値観らしきものが見えてきます。
　書くべきことは、トピックだけではなく、なぜその記事、そのニュースに関心があるのかという理由づけまでが必要です。

3　あなたにとって人生の価値
　　（充実感・やりがいを感じるとき）は何ですか？

⇒ 先に書いた価値観のピラミッドの頂点にくるものを、ここで
　は書いてください。もちろん結論だけでなく、その理由が大
　切です。

4　あなたにとって辛いこと、
　　決してやりたくないことは何ですか？

⇒ たとえば、「ノルマが課される営業」「社会貢献度
　が低い仕事」「経験やスキルがほとんど活かせな
　い仕事」「昇給や福利厚生の制度が整っていない
　会社」など、率直にあなたが嫌だと思うことを書
　いてみましょう。
　「働き方改革」により働く環境が少しずつ改善さ
　れつつあること、コロナ禍の影響でテレワークの
　導入や副業を認める企業も出てきてはいますが、
　まだまだ温度差があります。あなたが就職したあ
　と迷わないために「辛いこと・やりたくないこと」
　を先に考えておきます。

「嫌なこと・絶対にやりたくないこと」
からも見えてくる

　入社後2〜3年未満で退職する早期離職者の問題に
ついて。今や転職が肯定される時代でもあり、あなたが
本気で考えた結果であれば全く問題ありません。
　しかし「頑張ろうと思ったけど、こんなはずではなかっ
た」という自己都合による退社理由が少なくなればいい
と願います。このような気持ちは転職しても常につきま
とう考え方だからです。

　　退職・転職する理由が「頑張っても評価されにくい会社だか
　ら」「仕事を通してやりがいや達成感が得られない仕事だから」
　という人も多いようです。"希望の会社だと思ったのに……"
　まさにミスマッチが原因ともいえます。

だからこそ、率直にあなたが考える「嫌なこと、絶対にやりたくないこと」から見えてくる価値観をも明確にしておけば、自分に合った仕事を選り分けることもできますし、就職してから失敗するリスクも、もしかしたら未然に防ぐことができるかもしれません。

　あなたのより良き未来のために、ここまでしっかりと今の自分の気持ちを書いておきましょう。

memo

6 日目

自分らしさを表現する
エピソード探し

**　ここまでの作業で、自分をしっかりと見つめ書き出してきたことを、いよいよエントリーシートに書ける状態にする作業を始めましょう。**

　このページが完成したら、今後の就職活動がうんとスムーズになりますよ！

　たとえば、学生側は企業説明会のつもりで参加しても、企業によっては説明会終了後、その場でエントリーシート（のようなもの）を書かせ、そのまま面接（らしきこと）をするところもあるからです。

　そんなときも、このシートさえ書き上げて、いつも手帳の中に入れておけば、あわてることも動じることもありません。

　さて、性格の質問と同じくらい、よく問われる質問に、

「あなたのモットー（信念）は何ですか？」

というものがあります。

　この質問にすぐ答えられる人は、実は案外少ないのです。次のワークで、この"モットー"について考えながら、自分らしさを的確に表現できる言葉やエピソードを探していきましょう。

"自分らしさ"を最もよく表現できる言葉とエピソードを探しましょう。

（書き方のポイント）
ここから先の表現方法については、1つ注意をしてください。
どうでもいい言葉や適当に書いた言葉ではなく、
できるだけ社会性のある言葉で書き上げていきましょう。
自分の自己ＰＲ内容をしっかりと分析して、先に挙げた「社会人基礎力」をもとに、
その中から見つけ出した自分に当てはまる単語を活用して表現してください。

あなたのモットー（信念）は何ですか？	
そのモットー（信念）の理由とは？	
自分のキャッチフレーズを作ってください	
そのキャッチフレーズの意味とは？	

モットーやキャッチフレーズを最もよく証明するエピソードを
3つあげてください

①

②

③

あなたの夢を実現できる企業とは？（会社名・業種・職種など）

信念のある学生には、
一本、筋の通った"自分軸"がある

それでは、このワークにある各項目について考えてい
きましょう。

＜あなたのモットー（信念）は何ですか？＞
　長い言葉でなくても構いません。たとえば、「やると決め
たら最後までやる」という言葉でもＯＫです。
　数年前、ある男子学生がこんな言葉を書いていました。
「次につなぐ」
　この意味は、自分本位ではなく、チームワークが大切だと
いうことだそうです。彼は小学校から野球を続けているスポー
ツ青年ですが、中学までは常に自分がホームランを打つことばか
りを考えていたそうです。監督からバントのサインが出ても、
それに従わなかったときもあったとのこと。

　　　　しかし、高校生になり、甲子園を目指して頑張り
抜いたチームで、はじめて「次につなぐ」ことこ
そ大切だということがわかったと書いていました。
"one for all" の精神ですね。
　　　そんな彼は、ＳＥ（システムエンジニア）の仕事
を目指していました。ＳＥこそ、チームで一丸となっ
て顧客のシステムを構築していくことが大切です。
そして彼は、見事に第一希望の会社に入社すること
ができました。

＜そのモットー（信念）の理由とは？＞
「なぜそれがモットーなのか？」を書き出します。
　たとえば、先ほどのモットー「やると決めたら最後までやる」
の理由としては、「仮に、最終的に結果を出すことができなく
ても、最後までやり抜いたことで自分自身が成長できると考え
ているからです」などでＯＫです。
　面接官に対し、ここまで話すことができれば、この時点で、
あなたらしさ、あなたの考え方や人間性を相手にわかってもら
うことができるはずです。

企業がその学生について最も知りたいことは、このモットー
（信念）なのではないかと、つくづく私は思います。
　信念がある学生には、一本、筋の通った軸があります。
　それが志望動機にもしっかりつながっている学生には、何と
いっても自信が垣間見え、説得力があるからです。

自分のキャッチフレーズを考えてアピール！

＜自分のキャッチフレーズを作ってください＞
　まず、2通り考えることをお勧めします。

　たとえば、1つ目は、「亀」。
　そして2つ目は、「大器晩成」です。1つ目を言い換えて連
想します。

> **第1のキャッチフレーズ**
> 自分のモットーやイメージにぴったり合うものを選
> びます。この場合、たとえるものはモノでも、色で
> も動物でも構いません。

> **第2のキャッチフレーズ**
> その自分のモットーを四字熟語で表したものです。四字
> 熟語ではなくても、第1のフレーズの意味がわかりやす
> く伝わりやすいように、短い言葉で表現してください。

　　　　かつては前者だけで充分でしたが、最近はよく「あなたを四
　　　字熟語で表すと何ですか？」という質問が出されています。公
　　　務員の面接では、「川柳で表すと？」という質問まで出たこと
　　　があるそうです。
　　　　そんなことまで普段の生活では考えもしない学生が多いた
　　　め、突然、面接で問われたときには、どの学生も誰もが知って
　　　いることしか答えられません。

たとえば、「一期一会」や「一生懸命」と答える学生が多いようです。これではややインパクトに欠けますし、面接官に強い印象を与えられませんよね。

ここで大事なことは、自分の信念＝モットーにその言葉が合っていなければ、まったく説得力がないということです。面倒でも、熟語辞典などで自分にぴったりの四字熟語を探しておきましょう。

もう１つの注意点として、たまに、キャッチフレーズのところに、「カメレオン」と書いたり「玉虫色」などと書く学生がいます。意味は、「必要に応じてどんな色にも変身することができる」ということです。

皆さんは、このキャッチフレーズをいかが思われますか？

私は、人によっては誤解をされるのではないかと懸念します。もしも、視線がキョロキョロして常に落ち着かない表情の学生がこの言葉を、上記のような意味で述べると、ずる賢い印象を与えてしまうように感じるからです。

キャッチフレーズも案外難しいものです。もちろん自由に選んで構いませんが、**客観的に見て、"他人に悪い意味で誤解を与えないものであるか"** までを、しっかり考えてみましょう。

社会性のある言葉、表現力を磨こう

さらに、そのキャッチフレーズを、具体的な文章で表現します。

＜そのキャッチフレーズの意味とは？＞

「亀」についての意味として、たとえば次のようなものがあります。
↓

「イソップ物語に出てくるウサギと亀の話からたとえてみました。あの競争は、誰が考えてもウサギの勝利でした。しかし、亀は笑われても馬鹿にされても、最後まであきらめることなくゴールを目指して頑張りました。それに対し、ウサギはたかをくくってしまったがために、絶対に負けるはずのない亀に負けてしまいました。

私は決して最後まであきらめないという、このモットーを活かし、社会人になってもどんなことにも最後まで歯を食いしばり、仕事を頑張り抜く所存です」

　という自己PRができるでしょう。

「大器晩成」について自己PRをする場合、次のようなものも考えられます。
↓
「大器晩成とは、ご存じのように、大きな器は早くは完成しないという意味です。すなわち大人物となる人間は、普通より遅く大成するという老子の言葉です。

　　　　　私は決して器用なほうではありません。ですから、何かを始める当初はライバルに大きく差をつけられることすらあります。
　　　　しかし私のモットーである最後まで粘り強くあきらめない心と姿勢があれば、最終的には大成することができると信じています。
　　　　ただぐずぐずして手をこまねいているわけではなく、少しでも早く、与えられた仕事が解決できるように、どんなときも精一杯、努力や工夫を重ねつつ、先を見すえて最後までやり抜く所存です」

　大切なのは、社会性のある言葉で表現することです。
　面接官に少しでも上手に自分をアピールするためには、言葉を選ぶことが大切です。たとえば、「なんとなくそれなりに部活動を頑張ってきた」よりも、「工夫しなければならないときには、少しずつ改善してきた」のほうが面接官受けはよいはずです。就職活動を意識した今から、新聞に目を通したり、ニュースに耳を傾けたり、小説や読み応えのある漫画などからもあなたが活用できる言葉、言い回しが見つかるはずです。その都度、メモをとっておくことをお勧めします。

6
日
目

さて、完成したモットーやキャッチフレーズに、今度は "自分らしいエピソード" を加えることで、あなたらしさを引き出し、他の人と差がつく自己 PR ができるようになります。

＜モットーやキャッチフレーズを
　最もよく証明するエピソード＞
エピソードは必ず3つ探し出すことが大切です。
　それも同じようなエピソードではなく、種類や場面の違うものがベストです。
　たとえば、

1　勉強面
2　アルバイトやボランティア
3　部活やサークル

として、それぞれエピソードを探します。

　　場面を分けることのメリットは、企業によって、相手がどんな人物を求めているかをあらかじめ理解した上で、それに対し一番説得力のあるエピソードを自分で選ぶことができることにあります。
　信念はその人にとって、原則、1つだと思いますが、企業に合わせて、証明すべきエピソードを組み替えることは、嘘をつくことではなく、賢い知恵だと私は考えます。

　自分が見つけたあなたらしいエピソードを、相手企業を意識しながら、3つのパズル（エピソード）を組み替えていくというイメージです。
　これができれば、きっとあなたの言葉が全体的に説得力を増すはずです。

だからこそ、どうでもいいエピソードでなく、偽りではない本物の説得力のあるエピソードをこれまでの人生の中から探してください。

　エピソード選びの留意点を1つ。
成功体験ばかりよりも、"苦労した体験"が今こそ有効です。
　最近の企業は、「挫折した経験はあるか」「これまでに最も困難だったことはあるか」という質問をよくしてきます。ストレス耐性がわかるのみならず、その学生の本質と成長ぶりがわかるからだと思います。

　　　　　　　　その問題が未解決であるなら、書き方に工夫が必要ですが、見事に乗り越えたのであれば、あなたにとって間違いなくプラスのエピソードになるでしょう。

希望する企業や業種、職種のイメージはあるか？

　まずはイメージでいいですから、企業の固有名詞を書くことができる人は書いてみましょう。企業名が書けない場合には、業種でもよし、職種でも結構です。

＜あなたの夢を実現できる企業とは？
（会社名・業種・職種など）＞

　この業種、職種の話は、企業研究・業界研究の枠に入りますので、後ほど別途詳しく説明します。
　とりあえず企業名を書くことができる人は、プレエントリーするタイミングに乗り遅れることなく、早々とそれぞれの詳細を調べることができるはずです。
　今、この段階では書くことができなくても、企業研究後、こまめに書き入れておくことをお勧めします。

6 日目

自己 PR エピソードを作ってみよう

✐ それでは、ワーク6に書いたモットーやキャッチフレーズを
最もよく証明する"自分らしいエピソード"を入れた自己 PR 文を
1つ作ってみましょう（400字）。

7日目　将来のライフプランを イメージしよう

キャリアビジョンを明確にすることの意義

「キャリアビジョン」という言葉をご存じですか？
　それは、**"将来なりたい自分になるための設計図"** とも言い換えることができます。

　ここでは「キャリア形成」について考えていきます。
そのためにも、「キャリアとは何か？」を知る必要があります。
キャリアは、狭義と広義の2つで語ることができます：

《狭義》職業生涯上の仕事経験の連鎖
《広義》個人の生涯にわたる生き方そのもの

　《狭義》では、人生における多くの労力と時間を占める職業に視点を置いています。この職業経歴は、非正規という立場はカウントされず、正社員としての経歴だけがキャリアといえるという説もあります。
　《広義》では、働くことにまつわる自由時間、余暇、家族との生活や活動などを含んだ個人の生涯にわたるライフスタイルのプロセスに視点を置いています。

　皆さんにとっては、どちらがわかりやすいですか？
　キャリアの語源を考えるともっとピンとくるかもしれません。
　語源はラテン語の「車輪のついた乗り物（馬車）」です。想像してください。馬車が走り去った道には、馬車がつけた車の轍（わだち）がずっと残りますよね。

《広義》で考えるなら、私たちは生まれたときから今日まででずっと生きてきた＝歩んできたわけですから、目には見えないけれど、私たちの足跡が、ずっと生まれたときから今日まで続いているということ。そしてこの足跡は、今日から先も私たちが生ある限り、ずっと続いていくということです。

"自分の人生をどんなふうに歩んでいきたいか"、というキャリアだってデザインすることができるのです。

人生の節目は
キャリアを考えるチャンス

　高校を卒業するまでは、自分の未来を考えるといっても、どこの大学、専門学校に進学すればいいか、がメインだったはずです。もちろん中学や高校を卒業したら働かなければいけない人も世の中にはたくさんいらっしゃいますが、"大学生である"ということが、将来を真剣に考えやすいメリットであるとも言えるでしょう。今や、インターンシップの情報も大学生であるからこそ得られるのものが多いはずだからです。

　では"自分の人生をより良く生きていくため"には、いつから"あなたのキャリア"を考えればいいのでしょうか。「寝る前に毎晩考えることを日課とする」なんて必要はありません。キャリアを考えるときは、私たちの人生の中では自ずと出てくるものだと思います。それは**"人生の節目"**といわれるときです。

　人生の節目といえば、「進学」「就職」「結婚」「出産」「転勤」「出世」「転職」「定年退職」などがそれにあたります。まさに、就職活動は人生の節目にあたるのです。

もちろん就職活動が本格的に始まるのは大学３年生になってからですが、２年生になればインターンシップも始まります。インターンシップからの早期選考を視野に入れているなら、早い段階で、次のことを考えていくことをお勧めします。

自分の「want」「can」「must」を 書いてみよう

　ここまでのワークを改めて振り返り、自分の「want」と「can」と「must」を具体的に言葉にしてみましょう。

「want」とは、あなたがしたいこと、あなたの夢
「can」とは、あなたにできること、あなたの能力
「must」とは、あなたの夢を叶えるためにしなければならないこと

・want（あなたがしたいこと、あなたの夢）

・can（あなたにできること、あなたの能力）

・must（あなたの夢を叶えるためにしなければならないこと）

人生100年時代を生きるあなたたちは、大学を卒業後の職業生活が長く続くということです。“職業”という仕事時間が、自分のプライベートにも大きく影響を与えるものだからこそ、この自己分析を通して、これから先のあなたの未来を真剣に考えてみましょう。

そこまで考えた上で、その先にあるのがインターンシップです。頭の中で考えるだけでなく、実際にどうであるのかを見る、知ることが大きな気づきとチャンスを生むはずです。ひと昔前は、あの会社に入れば一生安泰などという考え方がありましたが、多様性や専門性がより重視される現代は、転職や起業も一般化していくことが想定されます。ひとたび社会人になれば安心、ではなく、なってからも自らのキャリアをしっかりとデザインする能力を向上させることが大切です。

学生のうちにインターンシップに参加をすることで、主体的に自らのキャリア形成を考えることができます。産学が提供するキャリア形成支援活動に積極的に参加をして、自らの適性に合った就職につなげていきましょう。

2023年以降の新たなインターンシップでは、参加した学生が企業の実務を必ず体験するものがあります。これらの中からご自身が参加したいものを選んでみましょう。目的や就業体験の有無、参加期間や実施時期もそれぞれですから、キャリアセンターや就職課などで詳細を調べてみてください。

<学生のキャリア形成支援活動は4類型>

タイプ1：オープン・カンパニー
目的：個社や業界に関する情報提供・PR
代表的ケース（おもに想定されるもの）：企業・就職情報会社や大学キャリアセンターなどが主催するイベント・説明会
就業体験：なし
参加期間（所要日数）：短期間（単日）

タイプ2：キャリア教育
目的：働くことへの理解を深めるための教育
代表的ケース（おもに想定されるもの）：大学等が主導する授業・産学協働プログラムや企業がCSRとして実施するプログラム
就業体験：任意
参加期間（所要日数）：授業・プログラムによる

タイプ3：汎用的能力・専門活用型インターンシップ

目的：就業体験を通じて、自らの能力を見極める（企業は学生の評価材料を得る）

代表的ケース（おもに想定されるもの）：企業、大学等が企業または地域コンソーシアムと連携して実施する、適性・汎用的能力ないしは専門性を重視したプログラム

就業体験：参加期間の半分以上の日数を職場での就業体験に充てる。現場では職場の社員が指導、終了後、学生にフィードバックを行う

参加期間（所要日数）：汎用的能力活用型は5日間以上、専門活用型は2週間以上

タイプ4（試行）：高度専門型インターンシップ

目的：就業体験を通じた実践力の向上（企業は学生の評価材料を得る）

代表的ケース（おもに想定されるもの）：ジョブ型研究インターンシップ、高度な専門性を重視した修士課程学生向けインターンシップ（仮称）

就業体験：必須

参加期間（所要日数）：ジョブ型研究インターンシップ…2ヵ月以上、高度な専門性を重視した修士課程学生向けインターンシップ…検討中

（2023年3月　採用と大学教育の未来に関する産学協議会「何が変わるの？　これからのインターンシップ」より）

　　　この4つのタイプから、ご自身で選んで賢くインターンシップに参加をすることで、ぼんやりとしか見えていなかった自分の未来像が多少なりとも見えてくるかもしれません。どう生きるか、どうあるべきかという「キャリア形成」に正解はないと私は思います。常にあなたらしく、主体的にご自身のキャリア形成に取り組んでくださいね。

　　　ここで最終ワークに取りかかってみましょう。

7日目

これからのライフプランをイメージしてみましょう。

（書き方のポイント）
まずは左枠に年齢を書き入れます。
次に「仕事」の欄から書き進めてください。
そして、「結婚を含めたプライベート」「その他（自己研鑽）」は、
「仕事」とは切り離して、本当に自分が思い描く理想像を素直に書き入れてみます。

	仕事	結婚を含めた プライベート	その他 （自己研鑽）
5年後 （　　歳）			
10年後 （　　歳）			
20年後 （　　歳）			

・「仕事」に対する考え方

・「結婚を含めたプライベート」に対する考え方

・「その他（自己研鑽）」に対する考え方

夢はあきらめずに、モチベーションの軸にする

これは企業に提出するものではありませんから、偉そうなことや格好つけたことを書くのはやめましょう。真っ正直に、5年後、10年後の自分が、どんなふうになっていたいかを、素直な言葉で書き込むものです。

＜「仕事」に対する考え方＞

（例A）

5年後――1つもしくは2つの部署を経験し、仕事の基本的なことをマスターした上で、新人の手本になる存在になること。

10年後――海外出張を少なからず経験し、課長くらいまでは昇進したい。役職はつかずとも、部下の面倒を見る立場として仕事を任せてもらえる存在になること。

20年後――海外支店勤務。ロンドン支店長となる。

まず、「仕事」に対する考え方ですが、たとえそれが叶わぬ夢であっても結構です。

素直な願望を自分で打ち消さないこと、つまり夢をあきらめない姿勢こそ、"頑張ろう"という一番大切なモチベーションの軸になるはずですから。

ここに書いたことは、あなたにとって非常に大事にすべきことなのです。

あなたがイメージする
理想の家庭・プライベートについて

次に、「結婚を含めたプライベート」に対する考え方について。

これもまた、自由に思いつくまま、素直な言葉で書いてみましょう。

注意していただきたいのは、つい先ほど書き上げた「仕事」に関する願望と、その都度リンクさせる必要がまったくないということです。

言い換えれば、**「仕事」は仕事として先に考え、「家庭・プライベート」は仕事と完全に切り離して考えること**が大切です。

　まだ正社員としての社会経験がない学生の場合、真の意味での仕事の厳しさはわかりません。さらに皆さんの考え方の中には、あくせく働くことをよしとせず、もっと自由に、もっと楽しく暮らしたいという考え方も多々あるはずです。
　まさに個の時代。会社や他人にとらわれず、束縛などされずに、自分の道を進みたいと願う方も多いことでしょう。

　したがって、先に書いた「仕事」と照らし合わせながら考えてしまうと、どうしても無理が出てきます。仕事に合わせてしまうと、自分がプライベートでやりたいことが物理的に無理とわかり、結局、仕事に合わせて書いてしまうことになります。
　これでは本末転倒です。せっかく内定をもらっても、就職して働き始めたあと、「こんなはずじゃなかった……」と辞めたくなってしまいますよ。

　だからこそ、**あなた自身のもっと自由な価値観でそれぞれを書くこと**、これが大切なポイントです。

＜「結婚を含めたプライベート」に対する考え方＞

（例B）
５年後―― 結婚しても、夫婦共働きをしている。
10年後―― 子供が２人。夫婦で育児休暇を賢く活用し、正社員として働き続ける。
20年後―― 正社員としての仕事はやめて、自分の夢である小さな花屋を開く。

少なくとも、この学生の場合には、前述した例Ａの
仕事のキャリアが成り立たなくなることがわかります。
　しかし仮に「仕事」と「家庭・プライベート」のキャ
リアデザインがまったくと言っていいほどかみ合わなく
ても、心配しなくてもいいのではと私は考えています。

ここで見逃してはいけないのは、あなたが選ぶ企業に、

①育児休暇制度が整っているか
②育児休暇が夫婦ともにとれるか
③海外勤務制度はあるか

などを確認しておくことです。
　①と②については、社内制度が規定として存在しても、実際
にはとりづらいという企業内風土がまだ残っているところが少
なくありません。このあたりは、ＯＢ・ＯＧ訪問などで賢く調
べておくことをお勧めします。

　　　　これ以外は、実は、働き始めてから考え方が自然
　　　に変わることがあるのです。"思うとおりにはいか
　　　ない"のが、人生の醍醐味かもしれません。
　　　　夢を見るなということではなく、もっとおおらか
　　　に自由に、今、目の前にある日々を楽しむという姿
　　　勢も生き方としては大切なことなのです。
　　　　いつしか本当に、右に行くべきか、左に行くべき
　　　かという大きな決断を迫られたとき、両方を選べる
　　　人などほとんどいないのですから、そのときは覚悟
　　　と勇気を持って、どちらかを選び、どちらかを捨て
　　　なければなりません。

　そのときの選択の軸が仕事なのか家庭・プライベートなのか
は、あなた自身が決めることですが、そこから先はまた、自分
の決めた道を一生懸命歩いていく。その繰り返しが人生です。
　いつしか自分自身の長い人生を振り返るときに、「よき人生
であったなぁ」と思える人になりたいものです。

さあ、いかがでしょうか。あなたにはどんな人生のビジョンが
描けましたか？

　次にやるべきことは、**そのキャリアデザインが現実的かどうか、
または少しでも可能性があるかどうか**を考えていくことです。
　もちろん未来はどう変わるか、そんな先のことなどまったく見
えない昨今ですが、たとえばあなたが一人っ子で、地方から勉強
のために都会へ出てきたとしたら、20年後も東京で働きたい、
または海外勤務をしたいと考えたときに、それが本当に可能なの
でしょうか。

　私個人の意見としては、親が何と言おうと、個人
の気持ちを尊重することはおそらくできると考えて
います。子供の夢の実現ために親が我慢することを、
ほとんどの親はいとわないはずですから。

　親に対する子供としての責任をいつから考えるか、こ
れは人によっても家庭環境によっても様々です。それで
も人によっては、このような将来像をも考えている学生
がいるのも事実です。

　そんな学生の例を挙げると、20年後まで営業職で一流にな
りたいという夢は持ちつつも、5年後は故郷に帰り、実家から
仕事に通い、親の面倒も将来は自分が見たいと考えている人が
います。
　もっと具体的に、「大学を卒業したら、地元に戻ると約束し
てきました！」という学生も毎年少なからずいます。
　書き出してみて、自分の理想と現実とのギャップに、はじめ
て気づいた人もいるのではないでしょうか？
　**ぜひ、本格的な就職活動を始める前に、一度ぐらいはご家族
や信頼できる人に話を聞いてもらうのもありだと思います。**

未来はまだまだ見果てぬもの、永遠に続くものと思うかもしれません。だからこそ、そんな先のことはわからないよ、もっと自由に考えたいよ、など、人によって就職活動という節目に考える内容も様々だと思います。ましてやご家族との関係性、家族の在り方、あなた個人のことも、これまた千差万別。型にはまる必要は必ずしもありません。

　きっと、ワーク1からワーク6までを振り返ったことで、少しだけでも自分らしさ、自分の強みなるもの、弱みなるものも見えてきたのではないでしょうか。自己分析を就職活動で活かす本来の目的は、そこにあります。

　公務員、教員、民間企業を問わず、雇う側は常に、自分たちと学生のマッチングを考えています。そうでなければ、早期の転職や少子高齢化の人手不足の中で、その企業の技術や伝統を長く維持しつづけることはできないからです。

　この章で言葉にしていただいた「will」「can」「must」を、自らマッチングを考えるヒントにしてください。**将来したいことは山ほどあっても、そこにたどり着くためには今のあなたにできる can が鍵となります。仕事が面白くなれば、新たな will が芽生えますが、きっとそのときにはあなたの can も増えているはず。**ただし、must はそれらの過程の中で常にあなたを悩ませるかもしれません。そのmust から逃れるために安易に転職をしたいと思うなら、それも個人の自由です。

　でも大事なことを忘れないでください。
あなたの人生は、あなたがデザインするものです。

　そのスイッチが、坪田まり子流自己分析です。
　ここまでどんな自分が見えてきましたか。最後までご自身としっかり向きあってくださりありがとうございました。

　次の PART 2 では、PART 1 で自己分析した結果を、企業研究や業界研究にどう生かしていくのかを解説していきます。

自己分析で
あなたの適職がわかる！

成功する
業界・企業・職種
研究

PART 2 では、「あなたの適性に合う仕事は何か」を探っていきます。
ここでの注意点は、「自分が何をしたいか」という
一念だけで企業を選ばないことです。
それでは PART 1 の自己分析の意味がありません。

必ず、これまでの自分を客観的に分析した結果を
業界・企業・職種の適性と照らし合わせながら、
最もあなたに向いている仕事を、
あなた自身で探っていく作業になります。
これを行うことが、早期内定の近道となるでしょう。

正しい業界研究と企業研究の仕方

業界研究であなたの可能性は広がる

自己分析を終えたら、それをもとに、次の段階へ進みましょう。
まずは業界研究、それから企業研究を行っていきます。
そもそもどんな業界があるのでしょうか。
大きく分けると次のようになります。

金融・保険業界

- 銀行——企業や個人を対象に、預金の受け入れや貸し出しを行う。普通銀行（都市銀行、地方銀行、第二地方銀行、外資系銀行など）、信託銀行、信用金庫、インターネット専業銀行、流通系銀行などがある
- 生命保険・損害保険—— 契約者から保険料を受け取り、死亡時や入院時などに保険金を支払うのが生命保険会社。契約者が災害や事故にあったとき、損失を補償するのが損害保険会社
- 証券——有価証券の売買の仲介や、トレーディング、投資信託、近年は企業再生ビジネスなども行う
- クレジット・信販・リース——消費者が商品やサービスを購入するときの代金を立て替え払いする

商社業界

- 総合商社——「ミネラルウォーターから通信衛星まで」世界を舞台に多彩な商材を扱う
- 専門商社——機械・鉄鋼・食品・繊維・医薬品・エレクトロニクス・アパレルなど特定分野の商材を扱う

ＩＴ・ソフトウエア業界

◎ 通信──電話や光回線など固定通信サービスと携帯電話サービスを取り扱う

◎ 情報処理サービス──情報システムの企画・構築・運用を一貫して行うSI(システムインテグレーター)、ソフト開発を手掛けるソフトハウス、計算処理やデータ入力を手掛ける情報処理サービス会社など

◎ インターネットビジネス──ポータルサイト、ショッピングサイト、SNS（ソーシャルネットサービス）などを運営したり、コンテンツ制作・配信を行う

◎ ゲームソフト──業務用ゲーム、家庭用ゲーム、スマートフォン用ゲームのソフトの開発・販売やゲーム機器の開発・販売を行う

製造業界

◎ 鉄鋼・非鉄金属──鉄鉱石やベースメタル、レアメタルなどを原料として自動車や電気機器の製造、造船、建築、また電子材料などに欠かせない鋼材・金属を生産する

◎ 化学・繊維──化学工業は原材料に化学変化を加え、プラスティックや合成繊維、化粧品、医薬品などを作る。繊維工業は、合成繊維を扱う化繊メーカーと天然繊維を扱う紡績メーカーなどに分かれる

◎ 紙・パルプ──印刷物や新聞などに使われる洋紙、段ボールなどの板紙を製造する

◎ 自動車──自動車、軽自動車、電気自動車、新世代エンジンなどの製造・開発を行う

◎ AV・家電──冷蔵庫、洗濯機、掃除機などの白物家電や、テレビなどの映像機器、音響機器の製造

◎ OA・精密機器──デジタルカメラ、複写機、プリンタ、時計、医療用機器などの製造

◎ 重機・建設機械・工作機械──ブルドーザーやクレーンなどの建築作業機械、機械を作る機械の工作機械、産業用ロボットなどの製造、交通システムや海洋・宇宙・ロボット開発などを行う

食品・飲料——製粉、製パン、製菓、食肉加工、ビール・日本酒・洋酒、清涼飲料水、調味料、食用油、乳製品、水産、加工食品などの製造

薬品・医療機器——医療用医薬品や一般用医薬品の製造、新薬・バイオ医薬品の開発などを行う

化粧品・家庭用品・アパレル——洗剤、シャンプー、化粧品、衣料品などの企画・製造・販売

流通・小売・サービス業界

百貨店——日用品から高級品まで、あらゆる種類の商品を買い付け、取り揃えて販売する

スーパー・コンビニエンスストア——生活に密着した様々な商品を販売展開する

専門店・家電量販店——カジュアル衣料、医薬品、玩具、100円ショップ、家電など、各分野に特化した品目を集めて販売する

通信販売——カタログ、テレビ・ラジオ、インターネットを通じての商品販売

フードサービス（外食）——ファミリーレストラン、居酒屋、ファストフード、喫茶、中食、宅配などを展開

エネルギー業界

石油・電気・ガス——各エネルギー供給と研究・開発を行う

交通・運輸業界

陸運・空運・海運・鉄道——陸・海・空の貨物運送や旅客運送を行う

建設・不動産・住宅業界

ゼネコン——道路・空港・ダムなどの公共工事から商業ビルやマンションの建設まで、幅広い国土開発を担うのがゼネラル・コンストラクター（総合建設業）

不動産——マンションやアパートの開発や売買、賃貸の仲介業務などを行う

住宅・インテリア——住居を目的とした建物を建てたり、建物内の空間をデザインしたりする

その
1

その**1**

マスコミ業界

◎ 広告・放送──広告主の依頼を受け、テレビ CM やポスター、雑誌広告などの企画・制作を行うのが広告代理店。デジタル放送、BS（衛星）放送、CS（通信衛星）放送、ケーブルテレビ、ブロードバンド放送などの番組制作・提供をするのが放送局

◎ 新聞・出版・印刷──報道機関として社会的役割を担う新聞社に対し、出版社は書籍・雑誌・情報誌・専門誌などを発行する

レジャー業界

◎ ホテル──国内外からの利用者への宿泊の提供や、レストラン・喫茶、宴会、フィットネス、理美容など様々な複合的サービスを提供する

◎ 旅行・観光──国内外の交通・宿泊、その他の宿泊商品を企画・仲介・催行して販売する

エンタテインメント業界

◎ 音楽・映画──音楽プロダクションやレコード会社などでの楽曲制作・配信・宣伝、映画の製作・配給・興行を行う

◎ ゲーム・玩具──ゲームソフト開発、キャラクターグッズの製作などを行う

教育・人材・コンサルティング業界

◎ 教育──学習塾、予備校、語学学校、通信教育、生涯学習、資格専門学校などの運営・指導

◎ 就職支援・人材派遣──企業への人材派遣や求職者への情報提供・転職活動サポートを行う

◎ コンサルティング──クライアントが抱える課題分析・解決を提案・サポートする。「戦略系」「会計系」「IT 系」「専門系」「シンクタンク系」などに分かれる

◎ 医療・福祉・介護──有料老人ホーム、訪問介護などの介護福祉サービスほか、福祉機器・設備を扱う会社、医薬品メーカーなど

その他

◎ 公益・特殊・独立行政法人 など──民間企業のような組織形態だが公的な業務を手がける

　さて、こんなにある業界を、一度見ただけではわからないことが多いはずです。

　そんなときは、興味がある業界を選んで、専門書を読んでみることをお勧めします。いろいろな出版社から出されていますが、各業界の専門書には、たとえば次のようなことが書かれています。

- ・業界の仕事内容
- ・業界の新しい動き
- ・業界の組織
- ・業界の企業現状
- ・業界の待遇と勤務条件
- ・有力企業徹底研究
- ・業界企業データ、など

　すべての業界を読破するのは大変だと思いますので、自分が興味がある分野をまずは３つほど選んでみるのもいいでしょう。

　これ以外の研究の方法としては、新聞を読む、または『週刊ダイヤモンド』『週刊東洋経済』『日経ビジネス』『週刊エコノミスト』『PRESIDENT』『Newsweek 日本版』などの本格的なビジネス誌を読むことをお勧めします。

　ビジネス誌などには業界ごとの特集があったりするので、今、どの業界が大きく利益を出しているのか、また今後伸びそうな業界はどこかなど、少しは見えてくるはずです。

　この場合、古い新聞や古い専門誌ではなく、タイムリーなものに目を通すことをどうか忘れずに。

その
1

そして、気に入った業界関連の記事は、切り取って業界別にファイリングしたり、ブックマークしたりしておくと、あとでエントリーシートを書くときや面接を受けるときの貴重なデータとなるでしょう。

企業研究のコツは"客観的に"

　業界研究をして、ある程度、業界を絞ることができたら、次は企業研究に入ります。どの企業にエントリーをするかを決める作業に入るということです。
　どんな企業であれば自分の価値観をそのまま活かすことができるのか、または自分ができる能力を的確に発揮できるのはどんな企業であるかを考える目を養い、しっかり見極めるのが、この企業研究です。

　　　PART 1の自己分析ワーク6にもありましたが、「自分がどんな企業で働きたいか」と漠然と考えたとき、頭に浮かぶ具体的な企業名がありましたか？

　まずはテレビCMで頻繁に宣伝している企業名や、店舗を出している企業名はわかりやすいでしょう。公務員や教員という仕事もイメージしやすいですよね。
　親が公務員や教員の場合に、親から勧められたから同じ道を選ぶ学生もいますし、その反対も然りです。親が金融機関で働いているので、金融は避けます、と鼻から決めつけている学生たちもいます。おそらく親から金融は大変だからやめろと言われているのかもしれませんね。

　仮に、教師になろうと考え教育大学に入ってみても、教育実習など経て、実際に現場で子供たちと向き合ってはじめて、自分の適性や本当に就きたい職業はこれではなかった！ と気づき、方向転換をする学生も少なからずいます。
　または親から「絶対に公務員になれ」と言われ、自分もそのつもりで予備校に通い勉強してきたけれど、民間企業の説明会に友人に連れられて行ってみたところ、魅力満載で、公務員ではなく民間企業志望に変わったという学生もいます。

126

または教師と民間企業の併願、公務員と民間企業の併願があります。はたまた教師と公務員と民間企業の3つを併願して、ちゃっかり3つとも自分のものにし、卒業ぎりぎりになって1つの結論を出した超アグレッシブな女子学生などもいました。

　人によって、考え方はそれぞれですが、時間がまだまだたっぷりあるうちは、**"こうであるべき"という概念や感情だけから考えるのではなく、客観的に企業という場や動向を広く・浅く確認しておくこと**をお勧めします。

学生は何を基準に
会社を選んでいるのか？

　一般的にいえば、知名度の高い、誰もが知っている会社にエントリーしがちのようです。その企業のもつ、ブランドやネームバリューがあるがゆえに、人気企業だけにエントリーが殺到し、倍率が20倍以上に膨れ上がってしまいます。

　しかし申し上げるまでもなく、人気企業は採用されるチャンスが限りなく少ないのです。就活の早期段階で、知名度やブランド志向だけで企業を選んだ学生は、大企業の採用が本格的に始まる時期以降、あっという間にバタバタと持ち駒をなくしてしまうこともあります。
　持ち駒をなくしても、すぐに新しい企業を見つけることができればいいのですが、ほとんどの学生はしばし呆然としてしまうようです。

　やりたいことが見つからない……もう何をしていいのかわからない……と立ち往生します。
　それでは何のために自己分析をしたのかわかりませんよね。

　そこで、就活生に聞いた、"企業選択をする場合、どのような企業がよいと思うか"というアンケート結果の推移を見てみましょう。

就職活動のとき、会社を選ぶ基準にすることは、
「安定している会社」が最多（48.8%）
2番目に多かったのは、「自分のやりたい仕事（職種）ができる」
（30.5%）
3番目は「給料が良い」（21.4%）

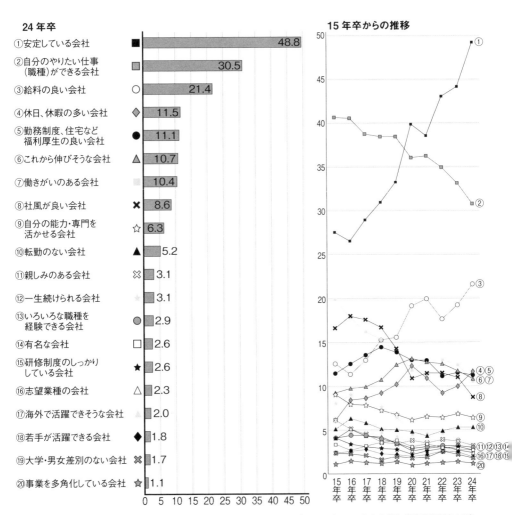

24年卒

① 安定している会社 ■ 48.8
② 自分のやりたい仕事（職種）ができる会社 □ 30.5
③ 給料の良い会社 ○ 21.4
④ 休日、休暇の多い会社 ◇ 11.5
⑤ 勤務制度、住宅など福利厚生の良い会社 ● 11.1
⑥ これから伸びそうな会社 △ 10.7
⑦ 働きがいのある会社 ■ 10.4
⑧ 社風が良い会社 ✕ 8.6
⑨ 自分の能力・専門を活かせる会社 ☆ 6.3
⑩ 転勤のない会社 ▲ 5.2
⑪ 親しみのある会社 ⊗ 3.1
⑫ 一生続けられる会社 ☆ 3.1
⑬ いろいろな職種を経験できる会社 ● 2.9
⑭ 有名な会社 □ 2.6
⑮ 研修制度のしっかりしている会社 ★ 2.6
⑯ 志望業種の会社 △ 2.3
⑰ 海外で活躍できそうな会社 ▲ 2.0
⑱ 若手が活躍できる会社 ◆ 1.8
⑲ 大学・男女差別のない会社 ⊗ 1.7
⑳ 事業を多角化している会社 ☆ 1.1

15年卒からの推移

（マイナビ2024年卒大学生就職意識調査より）

　これによるとトップ2は知名度などではなく、**将来性**を見ていることがわかります。また働きがいのある会社、自分の能力・専門を活かせる会社、大学・男女差別のない会社という選択もあります。まさにあなたの価値観がリンクするところですね。
　さあ、あなたはどこに着目して企業を選びますか？

これらのほかに何を知っていればいいかというと、次のような項目を調べる必要があります。

①業績（経常利益・事業内容・同業他社との違い）
②社会貢献度（実績・今後のビジョン）
③給与（同業他社との比較）
④勤務地（転勤の有無・海外勤務の可能性・テレワークの有無など）
⑤研修制度（充実の度合い）
⑥休暇制度（有給休暇・勤務時間・残業時間の実情なども含めて）
⑦福利厚生（社員寮や社宅の有無・レジャー施設の充実・テレワークに
　　　　　　伴う実費請求の可否など）
⑧自分とその企業との相性（企業が求める人物像・自分の能力と適性）

　この8つの項目をしっかり検討するだけでも、自分との相性もしくは自分がその企業に入るための適性が自ずとわかってきます。
　手間はかかりますが、これらをしっかり調べた上で、自己分析をした自分像との照らし合わせに入ります。これができないと、内定をとるために一番必要な確固たる自己PRも、完璧な志望動機も作成することができません。
　同業他社との違いを見極めるためには、主観的な一方からだけの見方ではなく、客観的に多面的にその企業を調べることが大切です。

企業情報を集める際のポイント

　手っ取り早いのはネット検索。詳細はある時期から開催される個別の企業説明会に参加することで得ることになります。コロナ禍以降は、オンライン開催が増えました。会社説明会に参加したくても、人気企業の場合には入場制限をすることがあります。そんな場合こそネット検索で補いましょう。ライバル会社のホームページもチェックして、それぞれの強みや違いを読み取ってください。

　このご時世、真っ先にチェックすべきは、その企業の採用情報です。コロナ禍では「新卒採用なし」という企業が残念ですが出てきました。一般的にも経済状況によって採用人数が大幅に削られることはよくあることです。

その1

ある程度、入手した資料で企業の情報がつかめた場合でも、さらに時間があるなら、ぜひ興味ある企業にＯＢ・ＯＧ訪問をすることをお勧めします。

　最近では個人情報保護法の関係で、ＯＢ・ＯＧ訪問を受け付けていない企業もありますが、学生たちは、部活の先輩や先に就職した先輩などの紹介などから、訪問できる相手を独自に積極的に見つけているようです。

　企業案内やホームページ上だけでは知りえない内輪の話や、先輩がなぜその企業を選んだのかなど、ダイレクトに教えてもらえるメリットがありますから、ぜひアンテナを張ってこのあたりのチャンスまでつかんでみましょう。

企業研究…主な項目の見方・考え方〜

　それでは、企業研究に必要な７つの項目のポイントをご紹介しましょう。

①業績

　知名度の高い人気企業であれば、日々のニュースや新聞などでも調べることができます。細かいことを知りたいならば、『会社四季報』（東洋経済新報社）がお勧めです。

　その中でも「経常利益」は、営業利益に営業外損益を加減したものですから、その企業の業績を知るためには一番比べやすいはずです。

　そして、なぜその企業を希望するのか、**その企業の事業内容や、同業他社との違い**も複数の角度から調べておきましょう。

　またその企業や、**企業が属する業界の将来性**についても、雑誌などでチェックしましょう。いまや、どんな大企業であっても、まさかと思うような業績悪化や経営破綻に追い込まれる恐れもあります。その企業で自分が将来的に長く働くことができるのか、単なる憧れだけで企業選びをしていないか、自分の頭でよく考えてみましょう。

②社会貢献度

　こちらも、人気企業であれば、車内のポスターやテレビコマーシャルで、いくらでも見つけることができます。

　いまや小学生でも知っているSDGs。17の取り組みを見ても、たくさんの企業が様々なメッセージを発信しているはずです。

　しかし、本気で調べたいなら、広告宣伝されている言葉だけを信用するのではなく、実際にその企業がどれくらいの力をその分野に注ぎ、どんな実績があるのかまでしっかりチェックすべきです。

　　調べることのメリットは、その企業が本物であるかどうかを見極めることができることと、もう1つは、あなたが"より求めている"企業かどうかが明確になることだと思います。

　学生の企業選びの観点にも、「環境問題に興味があります」という回答が増えています。ということは、そんなあなたがエントリーした企業の中で、この環境問題対策だけでも、比較・検討することができるということです。

③給与

　当たり前ですが、低いよりも高いほうがいい、有給休暇も給与と同じ概念で考えると、1日でも多いほうがいいと誰しもが思うでしょう。

　収入とは、働く対価として当然得られるものですから、遠慮することなく、しっかり見比べることが大切です。

　注意すべきは、同じ仕事であるはずなのに、かたや多くて、かたや平均よりも少ないというようなときです。同じ仕事内容なのに給料が高いのは、ハードできつい仕事かもしれません。よく調べましょう。

　「給料さえ高ければ、あとは何でも我慢する」という価値観を持った人もいますが、これだけは短絡的ではなく、長い目で考えるべき大切な観点です。

　あなたが行きたい企業の給与面を比較した上で、どうしても自分では考えることのできないことがあれば、キャリアセンターや就職課、または OB・OG 訪問などの機会に、率直に質問することをお勧めします。

④勤務地

　企業によって明記の仕方が様々です。「地域職」「エリア職」と言われる形態は、転勤はないはずです。最近では「メンバーシップ型雇用」と「ジョブ型雇用」という雇用形態で表す企業が増えています。メンバーシップ型雇用とは、職務も勤務地も労働時間も限定されない雇用形態です。企業の求人情報においては職種が「総合職」と記載されています。これは全国転勤もあることを意味しています。ジョブ型雇用とは、職務や勤務地などが限定された雇用形態です。

　面接を東京で受けたから東京で勤務できる、と思ったら大間違いです。卒業間際になって、「いきなり勤務地が沖縄と言われました」とか「いきなり大阪勤務です」と泣いて訴えてくる学生もいます。これは絶対に見落としてはいけない観点です。

　勤務地については、内定をもらったら承諾書を提出する前に、さりげなく、しかし、しっかりと確認すべきです。

　さらに、海外を希望している学生の場合にも、留意すべき点があります。明記されていても、誰しもが行けるわけではないということです。

　当然、実力が認められない場合には、行きたくても行けませんし、また今は海外に支店があっても、将来はそれがなくなる場合も考えられます。

　仮に行けたとしても、自分が希望していた英国ではなく、フランスだったということになったらどうしますか？　英語は話せても、それではあなたの希望とは大きく離れてしまう可能性があります。

　だからこそ、単に海外勤務ありというような明記された言葉に惑わされることなく、次の3点をあらかじめ見極めるようにしましょう。

・**その企業が持つ海外支店の場所**
・**自分が行きたい海外の場所**
・**それが認められるための能力や資格やその後のプロセス**

　もう1つ。あなたが海外に行きたいというのは単なる憧れではありませんか？　海外に行くことだけが、あなたが本当にやりたい仕事であるのかなど、しっかり自問自答してみることも忘れずに。

⑤研修制度

　これは企業の採用案内にしっかりと書かれている項目です。いわば企業の売りの１つでもありますから、しっかり他社と比較検討をしましょう。

　ただ、余談ですが、面接のとき、志望動機として、

「御社の充実した研修制度に惹かれ、入社を志望いたしました」

　という答えは、企業側にとっては必ずしも、採用したい学生とは思いにくい回答かもしれません。なぜなら、

「今の私には何もできませんが、御社の研修制度を利用して、立派な大人になります」

　と正直に宣言していることを意味しているからです。

　　　　　研修制度の充実は、**あなた自身が企業選びの基準にだけすべき点**であり、志望動機としては言わないほうがいいかもしれません。これは知恵として覚えておいてくださいね。

⑥福利厚生

　社員食堂や社員寮の完備や社宅の有無、レジャー施設の充実やバックアップにいたるまで、企業は力を入れてしっかりと明記しています。

　採用した全社員に仕事をもっと頑張ってもらうためには、仕事以外のソフト面を充実させることに企業としての大きな責任があるからです。

　　　　　円滑なコミュニケーションを図るために、企業内にも「部活」をつくっているところがあるなど、企業によっては学生の気を引くための目玉企画が目白押しです。しっかり他社と比較をし、単なる言葉や規模に惑わされることなく、正しい判断をしてください。

その
1

⑦自分とその企業との相性

　先に述べたように「社会人基礎力」という明確な判断基準同様に、「求める人物像」を明記する企業が少なくありません。

　まずは素直に、企業が求める人物像に、自分でまとめた適性がいくつ当てはまるかをチェックしてみましょう。

　ここまでのワークで、「社会人基礎力」の項目に当てはまるように、表現方法を意識して書いてきたはずです。したがって、必ずやどれかに該当することがあるはずです。

　もしなければ、単に言葉だけの問題で、自分では気がついていないだけかもしれません。再度、家族や第三者の目で確認をしてもらいましょう。

　また、文系だから理工系の分野には適性がないと考える必要はありません。

　たとえば、システムエンジニア（ＳＥ）という職種があります。文系出身でも営業ができるＳＥとして活躍している方々もたくさんいます。

　「なんでもありか」と安易に考えてもらっても困りものですが、**企業の規模や知名度、事業内容に関わらず、自分が考える適性と、企業からあなたを見た適性との間に違いが出てくることがある**ということです。

　良い意味でも悪い意味でも、狭い視野だけで、この業界に決めた！　などということをせず、広い視野を持ち、自分の持てる可能性とチャンスを狭めないようにしましょう。

企業との相性は、次のように記入してみればもっとわかりやすくなります。

企業が求める人物像	自分の長所 （社会人基礎力に基づく）	証明できるエピソード
向上心がある リーダーシップがある	→ 主体性がある → 働きかけ力がある → 実行力がある	・TOEIC目標900点を取得した ・やる気のない部員をまとめた ・バイト先の店長に 　問題提起をしたことがある
忍耐力がある	→ ストレス 　コントロール力がある	・店長に注意されるほど 　やる気に変わる

　こんなふうに、うまく当てはまることもあるかもしれません。
　手間はかかりますが、ワクワクしながら、1つ1つの企業との相性がわかる表を次のページに作ってみましょう。

　もしも、どの企業の人物像にも当てはまらない人がいたとしたら、あなたの適性は、もっと他の企業にあるのかもしれません。面倒でも、改めて企業選びからやり直してみましょう。
　またその場合は、後ほど述べる、職種を自分に当てはめる作業の段階で、自分に向いている仕事を見つけることができるかもしれませんので、職種から企業選び → 企業研究をしてみてください。

その
1

希望する企業が自分の適性と合っているか考えてみましょう。

企業が求める人物像 ※（　　）内に企業名入れる	自分の長所（社会人基礎力に基づく）
（　　　　　　　　　　　）	
（　　　　　　　　　　　）	
（　　　　　　　　　　　）	

証明できるエピソード

育児休暇制度1つからも、
企業の真の姿が見える

ワーク7の「仕事＆家庭・プライベートに対するキャリアデザイン」を同時に考えた場合、**男性も女性も育児休暇などがとりやすいかどうかまでをしっかり確認すること**が大切です。

法律面では、企業は女性をもっと活用するための様々な取り組みをしています。それにもかかわらず、マタニティハラスメントなどの職場の嫌がらせがまだ問題となっているところもあり、いつしか「寿転職」という言葉も生まれました（本来は「寿退社」……結婚して退職すること）。

育児休暇1つとってもそうです。大企業ほど取得率は高く、小企業の取得率は低いというデータがありますが、実は、データだけではわかりえないことがあるのです。
大企業だからこそ、制度そのものを使いづらいことがあるし、小さくてアットホームな会社だからこそ、育児休暇も育児休暇後の復職も、企業ぐるみで応援してくれるところもあります。

また男性も取得できるのに、取得率は全体から見るとまだそれほど高くはないと言われています。理由は、おそらく業務が忙しかったり、職場へ迷惑がかかると懸念したり、家計が苦しくなるなどのことが考えられます。究極は、出世に響くのでは？ という声が今でもあるくらいです。
会社側の準備不足や管理職・職場の理解のなさから、パタニティハラスメント（育児のために休暇や時短勤務を希望する男性社員への嫌がらせ）を受ける人も増えているようです。

こんなふうに、性別にかかわらず、法律面や福利厚生のラインナップだけからではわかりえないことからも、良くも悪くもその企業の真の姿が見え隠れしています。

仕事を持つ女性が当たり前となっている現在でも、仕事の
キャリアと家庭生活との両立について、学生でも不安を抱えて
いる人は少なからずいます。
　　ただ、企業は間違いなく両立支援策に力を入れています。そ
れが仕事のできる女性の確保と維持につながるからです。以下
は、ある調査で両立支援策の取り組みについて企業にたずねた
結果です。

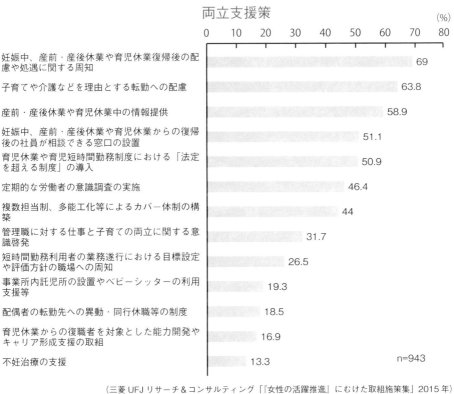

両立支援策

	(%)
妊娠中、産前・産後休業や育児休業復帰後の配慮や処遇に関する周知	69
子育てや介護などを理由とする転勤への配慮	63.8
産前・産後休業や育児休業中の情報提供	58.9
妊娠中、産前・産後休業や育児休業からの復帰後の社員が相談できる窓口の設置	51.1
育児休業や育児短時間勤務制度における「法定を超える制度」の導入	50.9
定期的な労働者の意識調査の実施	46.4
複数担当制、多能工化等によるカバー体制の構築	44
管理職に対する仕事と子育ての両立に関する意識啓発	31.7
短時間勤務利用者の業務遂行における目標設定や評価方針の職場への周知	26.5
事業所内託児所の設置やベビーシッターの利用支援等	19.3
配偶者の転勤先への異動・同行休職等の制度	18.5
育児休業からの復職者を対象とした能力開発やキャリア形成支援の取組	16.9
不妊治療の支援	13.3

n=943

（三菱 UFJ リサーチ＆コンサルティング「『女性の活躍推進』にむけた取組施策集」2015 年）

　　女性が結婚しても働きたいと思うのであれば、理解あるパー
トナーを選ぶことはもちろんのこと、企業を見るときに、次の
5つくらいは調べておきましょう。

　　1．全体の中の女性社員の割合
　　2．結婚してからも働いている女性社員の数
　　3．女性管理職の数
　　4．育児休暇を取得した女性社員の数
　　5．育児休暇を取得した男性社員の数

その1

139

また、経済産業省と東京証券取引所が共同で毎年選定している「なでしこ銘柄」というものがあります。これには、女性活躍推進に優れた上場企業が選ばれています。ほかに、厚生労働省が女性の活躍推進に関する取り組みの実施状況等が優良な事業主を認定する「えるぼし認定」や、子育てサポート企業として認定する「くるみん認定」もあります。

　東洋経済新報社が刊行している『就職四季報 女子版』は産休・育休の期間・給与や取得人数、女性の既婚者数・子供をもつ女性の人数などの情報が載っていますし、インターネットでは厚生労働省の「女性の活躍推進企業データベース」を使うこともできます。

　皆さんが女性活躍を推進している企業を選ぶことで、まだ取り組みが進んでいない企業も危機感をもち、対策をするようになっていきます。ぜひ、悪条件に目をつぶらず、自分の希望を満たす企業を探してください。

　これからは、女性も堂々と、主体性を持って何歳になっても働き続けることができる時代です。
　念のために、将来のパートナーとも価値観の相性を確認しておく必要もあるかもしれません。結婚したあと、働きたいあなたに対し、「否！」とパートナーが声を荒らげることがないように。これがのちに離婚につながる人もいるようです……。実は、私もその一人です。

自分の可能性を広げる 職種研究

職種研究で、志望動機が確かなものになる！

企業研究が終了したら、もう1つ見えてくるものがあります。

それは、**業種にかかわらず、その企業の中にもいろいろな仕事があるということ**です。

たとえば、クリエイターとして広告会社で働きたいと考えていても、その企業の採用枠が、営業から企画、人事、総務まで多岐にわたっており、クリエイターと希望を出しても、果たしてそれが叶うかどうかという問題が出てきます。

ジョブ型雇用ではなくメンバーシップ型雇用（総合職）で採用された場合には、社内研修等により職に必要な知識と経験を積んだあと、企業の都合で人材の配置転換が行われることになります。

自己分析をして、自分の能力や適性がわかったからこそ、希望部署は叶わなくても、自分がどんな職種に向いているかは考えておきましょう。

業種や企業名だけでは、どこで働きたいか考えられない人も、職種から考えたら自分がどんな企業で働きたいかが見えてくる場合も少なくありません。

さらには、しっかりと職種研究をすることで、志望動機に説得力を増すこともできます。

「この企業で（＝企業研究の結果、言えること）こんな仕事をして（＝職種研究の結果、言えること）貢献したい」

ここまで調べてきちんと予習・復習ができれば、説得力が格段に増します。

職種とそれぞれの適性

まずは職種を調べてみましょう。事務、営業、企画という職種にも、さらに種類があります。気になるところを先輩や企業説明会などで確認すれば、より仕事のイメージが見えてくるのではないでしょうか。

事務・管理系

会社の業務が円滑に進むようにサポートする仕事。人やモノ、お金の情報の動きを調整する。
①総務・人事・労務部門　②経理・会計・財務部門　③法務・審査・特許　④物流・在庫管理　⑤貿易事務・海外事務　⑥一般事務・秘書・受付

企画系

情報収集・整理・分析能力や流行を敏感に察知し、アイデアを具体的な形にしていく。
①宣伝・広報　②調査企画・マーケティング　③企画・商品開発
④経営企画

営業系

企業や個人を対象に自社の製品やサービスの提案・販売を行い、顧客の信頼を得て利益を生み出す。
①営業（新規開拓メイン）　②営業（既存顧客メイン）
③営業推進・販売促進

技術・研究系

決められたスケジュールの中で、営業や生産部門と連携しながら、新技術の研究や新製品をつくり出す。
①基礎研究　②応用研究・技術開発　③生産・製造技術　④品質・生産管理・メンテナンス　⑤建築土木設計・測量・積算　⑥施工管理　⑦機械・電子機器設計

専門系

特定の業種にだけあるもの。高度な専門知識やスキルが必要とされる。
①ＭＲ　②薬剤師　③医療技師・看護師　④栄養士　⑤福祉士・介護士・ホームヘルパー　⑥保育士　⑦講師・インストラクター　⑧経営コンサルタント　⑨ITコンサルタント　⑩専門コンサルタント　⑪ファイナンシャルアドバイザー　⑫翻訳　⑬通訳　⑭アナウンサー

販売・サービス系

百貨店や専門店、量販店や小売店などで商品の販売やサービスの提供をする
①販売スタッフ・接客　②店長　③スーパーバイザー
④バイヤー　⑤エステティシャン

金融系

金融業界にだけある職種で、経済の流れや株式市場などに関する高度な専門知識を活かし、顧客や企業の資産・資金を運用し利益を上げる
①為替ディーラー・トレーダー　②融資・資産運用マネージャー
③証券アナリスト　④アクチュアリー

クリエイティブ系

作品や商品の制作にかかわる
①編集・制作　②記者・ライター　③デザイナー　④ゲームクリエイター

IT系

コンピュータ関連会社などのほか、企業内のコンピュータシステムのエンジニアとして需要が高まっている
①プログラマー　②SE（システムエンジニア）　③ネットワークエンジニア④カスタマーエンジニア　⑤システム保守・運用　⑥システムコンサルタント　⑦セールスエンジニア　⑧カスタマーサポート

その2

その2

　企業によっては、これ以外の職種があるところも
あります。
　それぞれの業務をしっかりと理解した上で、自分
は何ができるのか、何をしたいのかをじっくりと考
えることが大切です。懸念すべきは、事務系の仕事
は将来的に AI に置き換わる可能性が少なくないこ
と。事務系を希望する学生こそ、AI に置き換えられ
ない強みを持つことが大切です。

＜参考＞学生の企業選びの志向（昨年度との比較）

あなたは「大手企業志向」ですか、それとも「中堅・中小企業志向」ですか

（2024 年卒マイナビ大学生就職意識調査より）

	全体	23 年卒
絶対に大手企業がよい	8.0%	8.0%
自分のやりたい仕事ができるのであれば大手企業がよい	40.9%	40.5%
やりがいのある仕事であれば中堅・中小企業でもよい	40.0%	40.1%
中堅・中小企業がよい	7.1%	7.7%
その他（公務員・Uターン志望など）	3.6%	3.3%
自分で会社を起こしたい	0.4%	0.5%
「絶対に大手企業がよい」＋「自分のやりたい仕事ができるのであれば大手企業がよい」	48.9%	48.5%
「やりがいのある仕事であれば中堅・中小企業でもよい」＋「中堅・中小企業がよい」	47.1%	47.8%

　村上龍氏の著作『13歳のハローワーク』（幻冬舎）をご覧になったことがありますか？
　その中で注目してほしい著者の言葉をいくつか引用します。

──好奇心を対象別に分けて、その対象の先にあると思われる仕事・職業を紹介しようという目的で作りました。

　　　　　　　　　　──その人に向いた仕事、その人にぴったりの仕事というのは、誰にでもあるのです。できるだけ多くの子どもたちに、自分に向いた仕事、自分にぴったりの仕事を見つけて欲しいと考えて、この本を作りました。

　──でもこの本は、こういう仕事につきなさい、こういう仕事がいいんですよ、と指示をしたり、職業を勧めたりするための本ではありません。その人の特性、つまりその人の個性や資質、その人しか持っていないものは、わたしにはわかりません。自分で探すしかないのです。

　　　　　──わたしは、この世の中には２種類の人間・大人しかいないと思います。それは、「偉い人と普通の人」ではないし、「金持ちと貧乏人」でもなく、「悪い人と良い人」でもなくて、「利口な人とバカな人」でもありません。２種類の人間・大人とは、自分の好きな仕事、自分に向いている仕事で生活の糧を得ている人と、そうではない人のことです。そして、自分は何が好きか、自分の適性は何か、自分の才能は何に向いているのか、そういったことを考えるための重要な武器が好奇心です。

　とあります。

その
2

百聞は一見にしかずとはまさにこの本のことです。
　先に紹介した職種にとらわれずに読めば、楽しみなが
ら、幼い頃からの本当の夢などに気づく良い機会になる
かもしれません。

就きたい職業・職種から、
企業選び → 企業研究へ

　企業研究のところで、どの企業の人物像にも当てはまらず、
自分の適性がわからないという人は、興味のある職業・職種を
自分の人物像と照らし合わせることで、自分に向いている仕事
を見つけることができるかもしれません。
　ですから、逆のパターンで、「職種から」企業選び → 企業研
究をしていきましょう。

　世の中にある職業・職種は数多く存在しますが、この本の中
にどんな項目があるかを、大枠だけご紹介しましょう。ヒント
になれば幸いです。

（1）自然と科学に関係する職業
　フラワーデザイナー、庭師、林業、獣医師、医師、
看護師、助産師、薬剤師、歯科医師、鍼灸師、整体師、
リフレクソロジスト、気象予報士、水中カメラマン、
スキューバダイビングインストラクター、漁師、消
防官、宇宙飛行士、税理士、公認会計士、アクチュ
アリーなど

（2）アートと表現に関係する職業
　歌手、ミュージシャン、オーケストラ団員、楽器職人、音響
エンジニア、コンサートプロデューサー、舞台監督、画家、イ
ラストレーター、グラフィックデザイナー、作家、ジャーナリ
スト、バックダンサー、映画監督、スタントマン、テレビプロ
デューサー、アナウンサー、舞台俳優など

（3）スポーツと遊びに関係する職業

　プロスポーツ選手、審判員、スポーツライター、為替ディーラー、パチプロ、学芸員、美術鑑定士、古本屋、冒険家・探検家、アウトドアスポーツ・インストラクター、農業、彫金師、エンジニア、カメラマン、パイロット、レーサー、電車運転士、自動車整備士、航空整備士、航空管制官など

（4）旅と外国に関係する職業

　　ツアーコンダクター、日本語教師、観光庁職員、通訳、翻訳家、通訳ガイド、留学コーディネーター、地図制作者、地図編集者、測量士など

（5）生活と社会に関係する職業

　精神科医、臨床心理士、占い師、結婚コンサルタント、スクールカウンセラー、シェフ、フードコーディネーター、管理栄養士、大工、インテリアデザイナー、不動産鑑定士、ファッションデザイナー、美容師、ネイルアーティスト、政治家、公務員、弁護士、裁判官、保育士、警察官、ソーシャルワーカーなど

　面白いと思いませんか？　この本の中には、これらのことが一つ一つ詳しく解説されています。
　単に職業紹介だけでなく、現状の難しさやこんな人に向いている、というような適性まで書かれているものもあります。
　『13歳のハローワーク』は少し古い年次のものですが、子ども時代になりたかった夢をそのまま思い出せるような書き方ですから、自分自身の気持ちと素直に向き合いたい人にとってはうってつけかもしれません。

　　この中に記載されていない職業もたくさんあります。たとえば、小学生のなりたい職業ランキングにも入るようになったYouTuber。ほかには、ドローン操縦者、ウェブクリエイター、ショコラティエ、フードファイターなどが記載されている『仕事のカタログ 2024-25 年版』（自由国民社、2023 年刊行）も参考になるはずです。

その
2

それでもまだ自分が何をしたいのか
わからない人へ

　職業や職種だけを見ても「そもそも興味がわからない」
人もいらっしゃることでしょう。そんなあなたには、給
料や生涯賃金までがわかると、もう少し関心の幅が広が
るかもしれません。

　『決定版 日本の給料＆職業図鑑――最強 DX リニューアル版』
（宝島社、2024 年発行）には、様々な職業の給料と仕事内容、
就労方法についてまでが紹介されています。イラストレーター、
アニメーター、映画監督、TV 関係、俳優、歌手、学芸員、飼育員、
漁師、農家、医者などの給料までもが見やすく紹介されていて、
見ているだけで飽きません。

　ちなみに、この本で「企業戦士 Ⅰ」として紹介さ
れている営業職で平均給料が 30 万円・生涯賃金が
2 億 640 万円だそうです。「企業戦士 Ⅱ」の一般事
務職で平均給料が 18 万円・生涯賃金が 1 億 2384
万円、レタス農家（レタスを栽培する仕事）で平均
給料が 45.7 万円・生涯賃金が 2 億 3581 万円だそ
うです。

　多様性社会の現代は、既成概念にとらわれず好きなことをし
たいという人も増えています。親世代も自分たちが元気である
うちは子供に好きなことをやらせたいと思う場合も少なくあり
ません。**何をしたいのかまだ見えない人、イメージすらわから
ない人、もっと楽しい仕事やレアな仕事、稼げる仕事であれば
いい、などと思う人は、自由な気持ちでいいですから調べてみ
ましょう。**案外、宝探しのように夢中になるかもしれませんよ。

その3

自分の未来を
どう生きていきたいか

　いよいよ最終章です。ここまでよくお付き合いくださいました。自己分析作業はいかがでしたか？　思ったより楽にできた人もいれば、思い出す作業に時間がかかってしまったという人もいることでしょう。

　どちらの場合でも、この章では、性別や今の思いに関係なく、大学卒業後、すぐ正社員になる場合とそうでない場合の人生の格差を、"賃金面"から考えたいと思います。

　ここでは、「キャリアパターン」を3つに分けて考えてみます。

　「キャリアパターン」とは、どのような形態で働くかということであり、代表的なものは次の3つです。

①職業継続パターン
定年まで働く、もしくは転職しても働き続ける形態

②中断再就職パターン
結婚・出産・介護を機にいったん退職し、家事などに専念したあと再び働き始める形態

③退職パターン
卒業後就職するが、結婚・出産・介護を機に退職し、以後は仕事をしない形態

どの形態を選んでも大変です。特に②の形態は、女性の場合、よほど仕事が好きで、かつ働きやすい環境の企業でないと、とても続けられないでしょう。

最近では仕事と育児、家庭の両立を立派に果たし、または片親でも立派に子供を一人前に育てている女性も少なくありません。しかし雇用形態によって不利益が出るのも事実です。

参考までに、近年の女性の生涯所得（給与と退職金の合計）の差を見てみましょう。

	形態	生涯所得 （万円）
1	・大学卒業後、同一企業でフルタイムの正規雇用者として働き続け、60歳で退職。 ・出産等なしで就業継続。	2億5570万円
2	・大学卒業後、同一企業でフルタイムの正規雇用者として働き続け、60歳で退職。 ・2人の子を出産、それぞれ産前産後・育児休業を1年取得、フルタイムで復職。	2億2985万円
3	・大学卒業後、同一企業でフルタイムの正規雇用者として働き続け、60歳で退職。 ・2人の子を出産、それぞれ産・育休を1年取得。 ・出産後は短時間勤務（通常8時間勤務を6時間と仮定）を第2子が3歳未満まで。	2億2057万円
4	・大学卒業後、同一企業でフルタイムの正規雇用者として働き続け、60歳で退職。 ・2人の子を出産、それぞれ産・育休を1年取得。 ・出産後は短時間勤務（通常8時間勤務を6時間と仮定）を第2子小学校入学前まで。	2億1233万円
5	・大学卒業後、同一企業でフルタイムの正規雇用者として働き、第1子出産時に退職。 ・第2子小学校入学時にフルタイムの非正規雇用者で再就職、60歳で退職。	9973万円
6	・大学卒業後、同一企業でフルタイムの正規雇用者として働き、第1子出産時に退職。 ・第2子小学校入学時にパートで再就職、60歳で退職。	6489万円
7	・大学卒業後、同一企業でフルタイムの正規雇用者として働き、第1子出産時に退職。 ・退職後は非就業。	4124万円
8	・大学卒業後、フルタイムの非正規雇用者で働き続け、60歳で退職。 ・出産等なしで就業継続。	1億1742万円
9	・大学卒業後、フルタイムの非正規雇用者で働き続け、60歳で退職。 ・2人の子を出産、それぞれ産・育休を1年取得、フルタイムで復職。	1億1353万円
10	・大学卒業後、フルタイムの非正規雇用者で働き、第1子出産時に退職。 ・第2子小学校入学時にパートとして再就職、60歳で退職。	5056万円
11	・大学卒業後、フルタイムの非正規雇用者で働き、第1子出産時に退職。 ・退職後は非就業。	2691万円

厚生労働省「令和3年賃金構造基本統計調査」、及び「平成30年就労条件総合調査」を用いて推計
（ニッセイ基礎研レポート 2023-02-28「女性の働き方ケース別生涯賃金」を元に作成）

この数字をあなたはどのように受け止めますか？

正社員は、基本的に「昇給」と「ボーナス」「退職金」の3つがありますが、非正社員にはありません。

賃金だけから見ると、退職や育児休暇などで中断をした場合には、定年までずっと正社員で働いていれば得られたはずの賃金を捨てることにもなりかねません。

ただし、正社員でも、昇給、ボーナス、退職金も出ない場合もありますので、この表はあくまでも目安と考えてください。

お金がすべてではありませんが、あなたの価値観に合うものはどの形態でしょうか。このことは、これからの人生でパートナーとなるべき人ともよく話し合うべき観点だと思います。

国もようやく本腰を入れて女性の賃金格差や育児休業給付金の見直しを始めました。これから状況はおそらく改善されていくと思われますが、自己分析7日目で述べた、「職業に対するキャリアデザイン」と「家庭・プライベートに対するキャリアデザイン」の両方をしっかりと見据えて、しなやかで賢い就職活動をなさることをお勧めします。

フリーター、ギグ・ワーカーという生き方

今でもフリーター人口は減りません。男性よりも女性のフリーターの数が多いのですが、男女あわせてその数およそ132万人といわれています。この人たちがフリーターという非正規雇用で働くことになったのは、おもに3つの理由があります。

・制限されるのではなく、自分の都合のよい時間に働きたいから
・家計の補助や学費を得たいから
・正規の仕事に就きたいけれど、就くことができないから

現在、フリーターは年齢によって３つに分類されています。「一般的なフリーター」「年長フリーター（25歳〜34歳まで）」「高齢フリーター（35歳以上）」です。大学や高校を卒業してすぐに働く若者は「一般的なフリーター」に属し、若いからこそ様々な職業のフリーターとして働くことが可能のはずです。収入もそれなりにあることでしょう。

　しかしながら、フリーター歴が長く、「年長フリーター」になってしまうと、正社員への切り替えが困難といわれています。この「年長フリーター」がそのまま「高齢フリーター」の域に到達してしまう……こうなると仕事も収入を得ることも相当難しくなってしまい、今やフリーターの高齢者問題とまでいわれています。

　コロナ禍以降、インターネットを通じて仕事を請け負う働き方が出現しました。その代表例が町のあちこちで見かける Uber Eats。自宅にいながら手軽に様々なデリバリーを注文することができるため、利用者も増えています。自転車に乗り黒いリュックサックを背負って配達に駆けまわる彼らのことをフリーターとは呼ばず、ギグ・ワーカーと呼びます。

　ギグは「単発」という意味ですから、「単発の仕事を請け負う労働者」ということです。これも一種のワークスタイルであり、特別なスキルを持たなくても就ける仕事の１つでもあります。フリーター同様に雇い手にとってはコスト削減が可能ですから、今やギグ・ワーカーにより成立する経済を意味するギグエコノミーという言葉も出現しています。

　しかしながら、これから社会人になるあなたには、このギグエコノミーにも問題点があることに気づいてほしいのです。

たとえば、Webデザイナーとして働くギグ・ワーカーには高い専門性がありますので、単価の高い仕事を受注することができます。一方で能力が高くない人は安い単価の仕事しかありません。ここに新しい格差社会を生む恐れが潜んでいます。雇用形態は不安定、常に仕事を失うリスクを伴い、社会保険も受けられない、最低賃金の保証すらまだ整っていません。雇い手である企業もセキュリティの問題から目を離すことができません。

　いつの時代にも世の中に適合した新しい生き方、新しい仕事形態が、彗星のごとく出現します。起業するのもその1つです。そのたいていがカッコいい呼称であるため、"最悪はそれもありか"と思う人も少なくありません。それでも、正社員・正規職員という働き方を求める学生がまだ圧倒的に多いという現実を見落とさないでください。それはなぜなのでしょうか。ぜひご自身の生き方を真剣に考えてみてください。

就職浪人、大学院進学を考えている人へ

　厳選採用になると、不本意ながらも卒業までに内定をもらえない学生が増えてきます。内定がとれない原因は様々ですが、内定をもらったにもかかわらず、留年する学生が少なからずいます。希望する業界や企業へ入ることができなかったことが理由として挙げられるようです。

　もちろん、もっと勉強したいという純粋な気持ちで選択する人が多いはずです。いずれにしくも、**その先のことまでを一応考えた上で、一歩を踏み出すことが大事**かもしれません。大学院に上がった場合、理系と文系ではその専門性を活かせる仕事がどれくらいあるのか、おそらく違いがあるはずだからです。

　また就職浪人を今選択することが本当に賢明であるのかも自問自答していただきたいと思います。なぜなら、同期から遅れて就職活動をする学生に対し、「あなたはなぜ就職浪人を選んだのですか」という質問すら面接で出る場合があるからです。

その
3

誤解のないように申し上げます。私は決してフリーターや大学院生という生き方を否定しているのではありません。決めてしまう前に、"本当にその選択でいいのか"と、真剣に考えていただきたいだけです。信頼できる周囲の人に相談することもありだと思います。

誰のためでもない、自分の人生です。前記した女性の働き方による生涯賃金の差は知らない人がほとんどだと思いますが、成り行きまかせで後になって後悔するより、動き出す前に立ち止まり、調べてみることで未来を変えることができるかもしれません。情報社会に生きる時代のメリットをもっと上手に活かしてみませんか。

ただし、情報や人から言われたことをうのみにするのではなく、その都度、自分の心にこう問いかけてくださいませんか。

"これから先の長い道のり、私はどう生きていきたいのか"

どうかあなたの「キャリアアンカー」を見つけてください。アンカーとは、もともとは船の碇のことです。あの巨大な船が港に停泊できるのは、目には見えない海の底に大きな碇をでんと降ろしているからです。人生も同じような気がします。自分が迷ったときに"私はこう生きる""私の価値観はこれ"という軸がありさえすれば、ふらふらと流されないで済むはずです。

その答えがこの自己分析で見つかりましたか？　おそらくワーク1の「なんのために働くのか」の答えも、すべてをやり終えた今こそ、もっと深みのある言葉に変わるのではないでしょうか。

今や世界中から注目されている大谷翔平選手。彼のことを知るにつれ、自分がどう生きていきたいのかをまだ少年のうちから考え、それを貫き実行していることに、私はいつも感心させられています。

結婚や日本に帰る時期までも高校時代に立てた人生設計に入っていたそうです。26歳で結婚、28歳で男の子誕生、31歳で女の子誕生、33歳で次男誕生、37歳で長男が野球を始める、40歳でノーヒットノーラン達成という引退試合、41歳で日本に帰る、だそうです。今、大谷選手は29歳、多少のずれはありますが、もしかするとこの先も、彼の人生を思った通りにデザインしながら、日本に凱旋するのかもしれませんね。

ワークシート7はいかがでしたか？　大谷選手のように細かくイメージできた人は少ないと思われます。彼はこれから先のメジャーリーグの記録もどんどん塗り替えていくかもしれません。誰にでもできることじゃない、とため息が出そうですが、こんな風に考えることもできるのではないでしょうか。

大谷翔平も同じ人間だ、じゃあ、私も真剣に考え、実行すれば、夢がかなうかも！

107ページで解説した「キャリア」という言葉ですが、狭義のキャリアは「外的キャリア」、広義のキャリアは「内的キャリア」ということもできるでしょう。外的キャリアとは、学歴、会社名、職業、役職、報酬といった外的な基準で捉え、客観的で第三者からも見えやすいものを指します。内的キャリアとは、個人がもつ価値観、満足感、やりがい、使命感、趣味、願望など、主観的で他人には見えにくいもので、自分だけが見える・知っている想いを指します。
　例を挙げると、「誰もが知っている大企業に就職したいなあ。みずほ銀行とかさ」が外的キャリアの考え方で、「この仕事は給料もボーナスも安いけど、社会貢献できそうだ、ものすごくやりがいがあるに違いない」が内的キャリアです。外的キャリアとは明らかに観点が違う内的キャリアとは、仕事や人生の意味や意義を

・「質そのもの」ではなく自分の価値観で捉えている
・他人の目ではなく自分の心で捉えている

　ということです。この内的キャリアを見つけるのが、私の自己分析の真の目的でした。ワークを終えた今、それがはっきり見えてきたのではないでしょうか。内的キャリアを明確にすることで、企業選びを迷ったときなど意思決定をする際の拠り所、物差しとなるはずです。

　ただその物差しは一生変わらないかといえば、決してそうではないと思っています。人というものは、誰かと出会ったり、新しい仕事に就いたりすることで、より良い方向へ変わることもあれば、その反対になることも然りだからです。思いがけず境遇が変わることにより、物事に対する考え方や見方が変わってしまうのは、いたしかたないことです。というのも、内的キャリアとはあなたの心の在り方がベースになっているからです。これまでの学生生活の中でも、対人関係で大いに悩んだ人も少なくないのではないでしょうか。
　私にもそんな辛い経験があります。でもそんな経験を乗り越えて気づいたことがあります。それは、それが私の人生なんだということです。最後までたった一人で、誰にも会わない、話さない、接しないという生き方はおそらくレアケースで、ほとんどの人が対人関係の中で笑ったり、泣いたり、怒ったりしながら、少しずつ人として成長していくのだと思います。そのとき、何かが起きたとしても、自分の物差しで何かを決断した場合と、ただ人に振り回されてやむなく決断した場合とでは、出た結果に対する自分の気持ちの整理が大きく変わるはずです。自分の意志で決めたのであれば、後悔はまだ少ないかもしれませんが、何も考えず人の考えにただ振り回された結果、良くない結果が出たら、想像もつかないくらい、悩みもがくことでしょう。
　そうならないためにも、やはり自分らしさがまず大事であるような気がします。その自分らしさこそ、まさに今現在のあるがままのあなた。これから先の未来は他の誰でもない。あなたが主役だということを忘れないでください。自分が主役だからこそ、ちゃんと考えながら前を見て常に一歩を踏み出してくださいね。

この本で見つけた自分らしさは、これから先、時代や環境がどんなに変わったとしても、揺らぐことのない自分軸です。就職活動こそ、まだ本当の意味で社会を知らない学生たちにとっては水平線の向こうにある、漠然としたイメージでしかないと思います。見えない、知らないところへチャレンジする今こそ、私の自己分析で得た結果と知識と知恵を上手に活かしてください。自分らしさを知った今こそが、幸せ探しの始まりですよ。

　あなたにとって少しでも納得のいく就職活動ができることを願っています。自分の未来へ勇気をもって一歩を踏み出してください。心から応援しています。

坪田まり子

坪田まり子（つぼた・まりこ）

有限会社コーディアル代表取締役。東京学芸大学特命教授。亜細亜大学非常勤講師。立正大学非常勤講師。駒澤大学非常勤講師。下井草成徳高等学校特別講師。プロフェッショナル・キャリア・カウンセラー。自己分析、面接対策、キャリアコミュニケーション・プレゼンテーション・ビジネスマナー、秘書実務、キャリアデザイン等を指導。

就活に関しては、多数の大学と大学生協などで講演し、のべ10万人の就活セミナーを行う。面接指導を通して、国家公務員をはじめ、教員、大手テレビ局や大手新聞社、アナウンサー、客室乗務員、大手銀行、大手総合商社や大手メーカーなど、毎年数多くの内定者を輩出している。学生や社会人に「元気とやる気」をもたらす実績ナンバーワン講師として多くの支持を集めている。企業、自治体などでの講演・研修も多い。著書には、『士業者が身につけたい顧客をつかむ面接術』（白文社）、『坪田まり子の士業のためのセミナー講師養成講座』（日本法令）、『Web面接完全突破法』（エクシア出版）などがある。

就活必修！
１週間でできる自己分析 2026

著者	坪田まり子
発行者	古屋信吾
発行所	株式会社 さくら舎　http://www.sakurasha.com
	〒102-0071　東京都千代田区富士見 1-2-11
	電話（営業）03-5211-6533
	電話（編集）03-5211-6480
	FAX 03-5211-6481　振替　00190-8-402060
装丁	長久 雅行
本文デザイン	柳本あかね
印刷・製本	株式会社新藤慶昌堂